# 这样销售
# 很高级

雪梨卷　著

中国法制出版社
CHINA LEGAL PUBLISHING HOUSE

# 我们每天都在"销售"自己

本书的后面有卷卷六年前的自荐信,我看过几千封求职邮件,这是唯一一封让我看完就想立即与其共事的人。很幸运,我们都如愿以偿,卷卷的自荐信成功地"销售"了自己,而我成功地"销售"了"未来合伙人"这个岗位。

在招人的过程中,我很偏爱有过销售或创业经验的候选人。成功的销售一般具有较强的三个特质:以客户为中心,以结果为导向,乐观有韧劲。通常具备这三项思维能力的人,做什么都不会差。

所以这本书其实适合所有人读,因为销售是我们的底层能力,我们每天都在调用这个能力,说服别人,达成目标。读完这本书,我想你会有以下三点收获:

## 爱上销售

卷卷是清华法学院高才生,当时让她去做销售的时候,我其实非常忐忑,因为销售常常被认为是不够光鲜的岗位,所以我总是不好意思跟她提这个词。

当时我们的产品需要销售给律师,面对如此高知理性的客户群体,若不是真正地从利他角度出发，让销售变得高级，可能也很难达成目的。

这也是本书中卷卷会教给大家的方法，高级销售能让客户有愉悦的体验，也会让客户最后真心感谢你。在成就客户中成就自己，才会更认同销售这个岗位的职业尊荣感。

## 爱上卷卷

卷卷是个超级勤奋的销售天才，天才还勤奋真让人嫉妒。但如果天才能够结构化自己的能力，让更多的人可以掌握高级销售的系统思维方式，那就是大家的福气了。

过去作者和读者隔得很远，如果喜欢一个作者，就得等她的下一本书。而现在，作为卷卷的读者，你可以在她的社交媒体上随时看到她的动态，她会每天给你输出新的实战技能，让你在业绩压力中总能找到信心。

她不只是一个工作狂，生活中也非常有趣，包括健身、穿搭、旅游、家居，都是她非常热爱和擅长的事。有这样一位销售教练在身边，会给你带来很多能量和希望。

## 爱上自己

不论是销售标准产品，还是解决方案，只要需要人销售，其实客户购买的一个重要原因都是"你"，你时刻都是在销售自己。在卷卷的业绩目标公式里，第一个要素就是状态，好的销售一定是一个自信有爱、积极努力的人，这是最能让客户深切感受到的，是产品不会说话的部分。

在这本书中，你不仅能学到如何做销售，还能学到如何对待自己的职业。我们绝大部分人每天在工作中的时间是最长的，喜欢工作的人是幸运的，这种喜欢包括从中获得的名和利，也包括焦虑、失败、迷茫，若没有这些痛苦，就体验不到成长的幸福。

卷卷的学员社群中有各行各业里爱学习的销售，人吸引人，人激励人，在同行者中，更能找到向上的力量。

　　好销售是最有行动力的人，赶紧去读卷卷的文字吧，祝愿本书读者能更有方法地热爱生命和工作。


　　　　　　　　　　　　　　　　　　　　　　　　罗莱娜

# 心怀热爱 · 奔赴山海

拿到卷卷《这样销售很高级》的初稿，让我回想起了在阿里"中供铁军"那段"峥嵘岁月"。2000 年，我加入阿里巴巴，从最普通的"草根销售"开始，一直干到"中供"全国总经理。

如果今天，你让我给"销售"下个定义，我会认为，销售不只是一种职业，更是一种热爱、一种成就。当你真正发自内心地热爱销售这件事，就能排除万难，战胜恐惧。这个时候，对你而言，做销售不是一种折磨，不是一份单纯的工作，而是你的喜欢所在、乐趣所在、责任所在，工作也会变得非常有成就感。

如果说产品是创造价值，那么销售就是传递价值。只要你善于发现问题，将其转化为需求，找到解决方案，并以主人翁的精神把价值传递和交付，那么你就是销售，跟是否在做销售这个岗位无关。

因此，销售的门槛可以很低很低，低到人人都可以做销售。但同时，销售的淘汰率又极高，如果你只想做通常意义上"销售老油子"的"固定动作"，从来不学习新东西，可能终将被淘汰。

卷卷的《这样销售很高级》恰好是这么一本能给你带来"新东西"的书。书里不仅为你梳理了系统的销售落地方法，更多的是一个普通又独特的"90

后"姑娘热乎乎的"生命体验"，有挫折、有奋起、有不甘、有结果，有酒有故事，让你在一定程度上把销售这件事，看透、敢选、去做。

最后，说说卷卷这个人。

在我眼中，卷卷是一个"江河般的女子"。为了自己的热爱，纵使被人误解，纵使"一生漂泊"，也从未停下追求的脚步。从小时候大家眼中"别人家的孩子"，到一路保送到清华，就像打游戏闯关一样，人生开了挂。毕业后走上了销售这条路，一年时间做到合伙人，三年销售过亿。三十岁这年，决定做知识博主，把自己的实战经验分享出来，去影响他人更有方法地热爱生命和工作。

人生只为一件大事而来。卷卷说，这是她的职场伯乐对她影响很大的一句话。找到自己真正喜欢和热爱的事情，然后一生从事，并沉醉其中，何其幸福。

我不确定"销售教练"是不是卷卷人生中的"那件大事"，但她对这件事的热爱、相信和探索早已在路上。念念不忘，必有回响，兜兜转转，终有一天会"遇到"。

相信这本书，也能给你带来力量。

俞朝翎

阿里铁军原主帅

创业酵母创始人

# 让销售更专业和受尊敬

三石很荣幸作为第一批读者阅读了"90后"销售天才卷卷的《这样销售很高级》一书。接到书稿后,我抽了半天左右的时间快速读完,感触颇深。

虽然年龄相差一代,但三石和卷卷有很多相似的地方。我们都是保研至"985"大学的硕士,毕业后选择了销售职业,而且经历过合伙创业,又在相近的时间先后转为全职的销售教练。

不同之处在于,卷卷出身于清华大学的法学专业,而我是华中科技大学的机械专业毕业。在创业之前,我先后在联想、IBM工作了10年,而卷卷选择了一毕业就加入创业公司。我很佩服卷卷这种勇气,也惊叹于她超强的学习和总结能力,严格的自律精神。

掩卷思考,这本《这样销售很高级》让人耳目一新。字里行间不乏真挚的情感,到位的总结,浓浓的情怀。特别是卷卷提到了自己的人生使命:影响他人更有方法地热爱生命与工作。

很难想象,这样一本充满思想和情感的销售图书,是由一位清华大学毕业的"90后"硕士写出来的。而且,短短半年时间,卷卷从零开始成为拥有15万粉丝的销售知识博主,令人赞叹。

书中直指让人尴尬的现状。作为一个古老的职业,销售至今依然没有光鲜的形象，有很多销售都在用不高明的手段推销，令人厌烦，也损害了销售职业的口碑。

这样销售很高级，卷卷将这种"高级"解释为专业、利他和长期主义。专业是指在产品、销售、行业三个方面都做到专业，利他是真正出于客户的利益和需求去做销售，长期主义是销售把自己当作一家公司来经营。

这三点和三石的销售理念也非常接近。三石认为，好销售一定有强烈的进取心，以客户为中心且做到双赢，具备真实、诚实和扎实的素质。进取心意味着同时兼顾当下短期目标和长期的职业发展，双赢是建立在以客户为中心的基础上，还要真诚且专业。

卷卷在书中首先总结了什么是销售思维和销售专业，进而谈到销售的目标管理，涉及与情绪共处、积极思考、与客户建立链接、体验意识与超预期服务，最后落在长期主义上。卷卷还在书中系统总结了她的精品课程《顶尖销售的 18 大基本功》。更为难得的是，卷卷书中的内容涉及法律、医疗、金融等诸多行业，涵盖了 2B 和 2C 等各种销售形式。

让销售更专业和受人尊敬。三石相信这本书可以帮到很多刚刚从事销售职业或刚切换到销售职业，热切渴盼提升自己对销售的认知、销售思维和专业能力的朋友，让你开启精彩的销售职业生涯。即便你已做销售多年，相信也一定会有收获。

麦三石

大客户销售教练

## 01
### Chapter
第一章
# 销售思维，你不能没有

**有人类分工和价值交换，就有销售** / 003

**生活里的销售思维：人生何处不销售** / 005

1. 求职面试 / 005

2. 家庭日常 / 006

3. 工作协作 / 007

4. 生活里的买卖 / 008

5. 恋爱关系 / 009

6. 人际相处 / 010

**去哪个行业做销售：给你一套好用的行业模型** / 011

**销售，需要你读懂人性的这些点** / 016

1. 务必区分客户的期待、动机和需求 / 016

2. 需求有两种：欲望和痛点你真的分得清吗 / 019

3. 为何在交易中需要特权特价 / 021

## 02 Chapter 第二章

# 销售专业：不在自己的主业上成为业余选手

**真正认识自己属于哪种销售** / 025

1. 品牌、市场、销售和营销的区别是什么 / 026

2. 你是超级个体型销售、渠道型销售、综合型销售，还是职业型
   销售 / 027

3. 根据客户划分销售：2C、2B 和 2G / 032

4. 直销和渠道销售 / 034

5. 销售的媒介不同：电销、面销、会销、网销和店销 / 035

**销售能力如何在实战中变得专业** / 037

1. "借事修人"的做事认知 / 037

2. 实战积累，结构化学习 / 040

3. 系统性思维：没有必赢的单个绝招和走法 / 043

**可复制的销售三大能力模块** / 045

1. 行业专业：怎么最快成为客户最爱的行业专家 / 045

2. 产品专业：在产品上，绝对不能被问倒 / 046

3. 销售专业：销售真正的底气是不限产品和行业的销售能力 / 047

狠练销售基本功，是成为高手的最快方法 / 049

　　1. 高手是如何炼成的 / 049

　　2. 什么是销售基本功 / 050

　　3. 刻意练习销售的 18 大基本功 / 053

**03**
Chapter

第三章

# 一切的抓手：目标是个好东西

为何需要做目标管理 / 065

业绩 = 状态 × 数量 × 转化率 × 转化速度 / 068

　　1. 业绩的目标管理原来这样做 / 068

　　2. 业绩完不成了怎么办 / 069

目标感不强可以怎么改变 / 071

　　1. 目标感原来是这样 / 071

　　2. 让目标落到你每天的日程里去 / 072

　　3. 做黄金人脉圈的梳理 / 074

　　4. 设计你的销售日报模板 / 076

　　5. 学会自我复盘，保持快速成长 / 077

　　6. 超级销售的目标：日拱一卒 / 078

对的，你要敢于放弃这三类客户 / 080

04
Chapter

第四章
# 和情绪共处、训练积极的思考方式

### 销售是不是很难？我要不要做销售 / 085

### 善用焦虑的反推力 / 089

　　1. 焦虑是人生的"感冒"，也是人生开挂的启动器 / 089

　　2. 切忌假想型焦虑 / 094

### 比起深谋远虑，你更需要少想多做 / 097

　　1. 高道德感销售的内耗：担心了 100 次，行动 0 次 / 097

　　2. 觉得没有准备好，不敢行动怎么办 / 099

　　3. 马上要见大客户，但不自信怎么办 / 100

　　4. 客户嫌你太年轻？扭转刻板印象，告诉他年轻也很厉害 / 101

### 不相信了怎么办 / 104

　　1. "相信"决定了你会多强 / 104

　　2. 觉得自己公司的产品不够好，销售要怎么办 / 106

　　3. 自信是一股力量，千万不能有不配得感 / 108

　　4. 不要讨好：销售是基于信任的价值互换 / 110

### 稳定是一个销售的重要能力 / 111

**05** 第五章
Chapter **开启的力量：有效地和对方建立链接**

1. 如何在电话中和陌生人聊得下去、聊得好 / 117

2. 如何让客户愿意加你的微信 / 121

3. 加上客户微信就发产品资料？大错特错 / 122

4. 和潜在客户沟通，怎么能有效破冰 / 123

5. 怎么能让客户同意和你见面 / 125

6. 去客户公司讲方案，开场白如何设计 / 127

7. 首次怎么和客户介绍公司 / 128

8. 怎样把握跟进的节奏 / 130

9. 客户不回复你了，你要如何重新唤起回复 / 131

10. 如何唤醒沉睡的老客户？给你五大思路 / 133

**06** 第六章
Chapter **在高度舒适且有掌控力的沟通中完成销售**

沟通舒适的三个精髓 / 140

1. 训练出逻辑感并不难 / 140

2. 增加专业感才有说服力——从反面例子学习 / 141

3. 你的表达怎么变得有感染力 / 143

销售和问答机器人的核心区别：包装意识 / 145

1. 成为包装影响高手的必学范式：答赞问 / 147

2. 用答赞问解决销售最难的几个场景 / 148

**用词是态度的衣服：销售要告别卑微感，增加控制感 / 150**

1. 改掉语气中的卑微感 / 150

2. 增强掌控力，不被客户牵着鼻子走 / 152

3. 逆向思维，让你重新掌握主动权 / 155

**用沟通解决几大销售实战难题 / 158**

1. 客户问你的产品和竞品有什么不同 / 158

2. 客户总说考虑考虑 / 159

3. 催款难怎么办 / 160

4. 客户想要优惠，确实没有了怎么办 / 163

5. 客户提了"过分要求"怎么办 / 164

6. 怎么优雅地拒绝客户的价格优惠申请 / 165

# 07
## Chapter 第七章
# 惊喜的过程：体验意识和超预期服务

1. 为何背话术、爱群发的销售业绩都很差 / 171

2. 在商务沟通中哪些文件细节能超出期待 / 174

3. 客户来访要如何招待 / 175

4. 销售去客户方拜访的必做细节 / 178

5. 维护客户关系的秘诀 / 179

6. 要如何送客户 / 朋友礼物 / 183

7. 多人聚餐要如何点菜 / 185

8. 怎么给客户发节日祝福 / 186

9. 惹客户生气和不满了怎么办 / 188

10. 专业不足，服务来补 / 188

## 08
Chapter

第八章
# 可落地的长期主义

企业家思维：把自己当作一家公司经营，且你是核心产品 / 196

投资者思维：时间、精力和口碑都是你的资本 / 201

1. 如何规划时间和管理精力 / 203

2. 个人品牌是做事做出来，不是打造出来的 / 208

3. 销售特别要注意的财务观 / 209

普通人的突围：靠的是自我教育 / 213

1. 销售三层能力理论 / 216

2. 如何自我持续学习 / 218

俯下身去：你厉害不重要，能帮助多少人才重要 / 220

要有长远目标，它会辅佐你当下的选择 / 226

后记 / 234

第一章

**销售思维，你不能没有**

# 有人类分工和价值交换，就有销售

你会不会有这样的疑惑：为什么有些人从来没有做过销售或者学习过销售的技术，就仿佛天生会谈生意和谈合作？有些人学了不少东西，也做了很久的销售，但还是成绩平平。你可能会说，人家有天赋。但我想告诉你，更准确的说法是：他有销售思维。

一个人拥有多年的销售经验和真正拥有该职业底层的销售思维，其实是两码事。真正的高手是运用职业思维来助力人生和生活各个方面的人，而不只是做好一个工作岗位的人，这就是为何我们在生活中看到最厉害的销售，反而是最没有销售痕迹的。

要理解销售的本质和价值，还是要从人类的分工和交换开始。因为销售其实是交易的桥梁，无交易就无销售。农耕时代，大家都各自守着一亩三分地，自给自足。当进入工业社会，人类的生产能力大大加强，产品和服务的种类越来越多，大家发现，比起自产，物物交换是更高效的方式。

分工意味着专业，专业意味着更低的成本和更高的效率。拿一个现代社会最简单的分工例子来说：每个公司都有处理公司财税事务的需求，但是有些公司规模小，比如一个月创收 2 万元的公司，要养月薪 5000 元的会计，并且这个会计的工作量不大，业务也不一定熟练和足够专业，所以对公司来说这是特别不划算的事情。于是，就出现了专业的公司注册＋财税代理的企业服务公司。这些公司并不是因为财税处理是很难的事情而产生，而是典型的追求高效和低成本的社会分工的产物。

分工后，财税公司的利润＝收入－支出。雇用 10 个财税人员的成本是固定的，公司负责人就一定会让销售去找到更多的中小企业来委托他们提供服务，这样在支出不变的情况下，收入提高，利润就提高了。

那销售是有了分工后就产生了吗？也不尽然。

古代人们去盐铺买盐，基本的流程就是要盐＋交钱，不存在太多销售行为，店员极少扮演销售角色，而是"客服"或者是收银员。

所以，之前并不存在"销售"这个职业。200 多年前，工业时代来临，产能大幅度提升，如何把全新的产品和服务推荐给"未意识到需求"的潜在消费者，或者把更多"非刚需"产品，通过创造需求的形式，推荐给消费者，从而帮助消费者获得更好、更快乐、更高效的生活呢？销售职业化正式开始。

这意味着几点：

第一，比起客服，销售有着发掘需求或者创造需求的能力要求，这就要求销售必须懂客户，了解用户实际的场景。这种洞察和定位需求的基础能力，到目前很多销售都还没有意识到。

第二，销售面临的是一群本不需要你也没有考虑过你的客户。只有让客户愿意听你说，你才有机会进行下一步的推荐。在这个过程中，快速建立信任、获得沟通机会，是所有销售都要打破的难点。

第三，在销售中，被拒绝是常态。为了增强确定性，要获得更多陌生人的认可，保证更多成功的可能性，有销售思维的人会刻意或者无意地积累更多合作的资源。

第四，销售是商业主体和受众之间价值交换的重要桥梁，所以要为客户带去对应价值，也应该向客户收取合理的费用。所以，销售不是一方的附从，那些顶尖的销售，从来都是用服务者的姿态和客户平等地对话，绝对不是低人一等的。传递有效信息本身就是一份很有价值的工作，实际上，世界上很多商业机构的价值也就一个：传递有效的信息给需要的人。

# 生活里的销售思维：人生何处不销售

真正销售能力强的人，是见不到明显的销售影子的。他能无声润物，把销售思维运用到各处，让自己轻松实现沟通目标，并且让对方体验良好。其实，生活何处不销售呢？我们来看一下你生活里随处可见的销售。

## 1. 求职面试

面试就是一个典型的自我销售的场景。我是如何定位面试的呢？举个例子，如果你要去面试一家公司的销售，本质上你在做三件事：

◆ 寻找一个你认可的、你认为有前景的公司去做它的代言人。

◆ 面试就是"卖"好自己。

◆ 选择一个修炼自己的道场。

一个真正的面试高手其实就是懂得找到自己喜欢且需要自己的公司，把自己成功地以相对满意的薪资"卖"给公司。

我有一个很小的精品课，只讲怎么用销售思维面试。那么，销售思维怎么应用到面试中呢？大家务必知道，通常一个企业发布一个岗位说明的时候，就已经很清楚地告诉你：它需要且偏爱什么样的人才。你要做的就是告诉对方，你很"适合"它。

所以在简历的基础修改部分，我教大家三点。

（1）好看很重要

好看分为两个方面，一方面，形象好很重要：一定要放一张精神的照片，尽量拍职业照；另一方面，好的排版显高级（可以搜"超级简历"等平台，套用好的简历模板）。

（2）对于销售求职来说，数据很重要

数据具有天然的说服力——论证自己有能力或业绩潜力。在工作履历中务必有历史成绩数据支持，比如排名、客户数量、销售金额、成交速度、带的团队人数等。

（3）提炼总结非常重要

这一点在深度修改简历里是重点。如果你想深度修改简历的话，就一定要全部围绕一个点：让 HR 觉得你真"适合"。你要做的是有针对性地打造简历，着重改以下关键点，表明你和岗位的"适配度"很高。

关键点 1：个人优势 / 个人总结。要按照职位要求一一对应地去写自己的适配度和突出优点。

关键点 2：通过职位 + 职位要求，突出以下几个维度的适配度——行业经验、销售方法（电销、面销、会销等）、客户画像重合度、创业经验、拓客方法和所需特质等。

关键点 3：没有经验，就突出潜力，可以从学习能力、周边资源、个人信念等方面展开和延伸。

## 2. 家庭日常

日常的沟通就非常考验销售思维，其本质就是洞察需求和进行价值互换。

用一个很小的场景为例，如果你在炒菜，发现家里没有盐了，你可能会这样对自己的妹妹说："小妹，你去给我买一包盐。"

这样的沟通方法，可能的结果是，小妹不想去，你得关了火自己去买盐；

或者她不情不愿地去了，但买错了盐。

有销售思维的人又会如何沟通和表达呢？

我想她会这样说："小妹，我在炒你最爱吃的西红柿炒鸡蛋，但是今天上下班太着急忘记买盐了，现在特别需要你出动啦，楼下××小卖铺进去左拐，第二层货架上有蓝色包装袋的无碘盐，买那个就行，你现在可以马上出发吗？谢谢你哦！"这样的沟通，几乎100%会得到正面积极的马上行动。

在这段沟通里，讲了以下关键逻辑：

Why——这个盐和你想吃的菜是有关系的：为什么没有盐、买到盐可以给对方带来什么价值。

How——去哪里、怎么买。

What——具体买什么。

销售高手通常也是在懂人性基础上的沟通高手，话不一定多，但是他们总能用清晰、舒适的沟通方式让对方向自己期待的目标去行动。

## 3. 工作协作

如果你在市场部门工作，负责公司的投放，你投放的目标是获得更多的资源量，完成公司安排的市场目标，但是投放精准效果要好，就需要销售部门在忙碌的工作中留出时间帮你梳理已成交的客户画像分析和常见的客户需求点。你要怎么办呢？

销售每天被业绩目标压得注意力都非常集中，让他们为了你的目标停下脚步可不是一件容易的事情。如果你告诉销售总监或者销售："能不能帮我整理下现在已经成交的客户画像和前十大客户痛点？"得到的回复大概率就是"没时间"，或者拖延后的低质量交付。

有销售思维的市场人员会如何沟通呢？

我们市场是为销售服务的，提供足够精准、足量的资源，咱们才会在本月获得更好的业绩。因此我在加急优化我们的投放关键词，后天调整上线，所以特别需要您抽1—2小时的时间，梳理一下现在客户画像和十大客户痛点，客户画像我已经做好了示范文本，直接填写 Excel 表格即可，我为了减轻大家的工作，已经把我想到的都写了，大家选择和添加删减就可以，您看明天晚上8点前给我可以不？

销售思维是利他的价值互换，只有你在意别人的目标，别人才会在意你的目标。所以，在工作协作中，要动用这种销售思维，让双方在协作中受益。

## 4. 生活里的买卖

人的一辈子总会经历一些大买卖，包括买卖房子、车子等。如果你毫无销售思维，就会经常把价值80元的物品卖成了60元。我举一个许多人都会体验的房屋买卖的案例。同样的小区、位置几乎一样的房子，为何一家可以多卖二三十万元？

假如一对很有文艺范的年轻夫妇来看房，你在知道他们的大致生活需求后做几个动作，就会让他们对你的房子产生更大偏好。

（1）让你的房子看起来更好一些

在卖出之前，对房子进行基础的清洁和整顿，大部分人选择相信看到的样子，而不是图纸上的尺寸。这和人一样，你看起来有价值、更好，才会更被看重和喜欢。

（2）和你的未来客户分享你在这个房子里的人生故事和快乐

你和一对马上新婚也打算要孩子的年轻夫妇说，你在这里生育了儿子，你的儿媳在这里又生了非常可爱的孙女，而且你的儿子特别帅气高大。你一定会让未来的业主对入住这里更充满期待。

（3）相信并充分激励你的房产顾问

这里我也分享一下我自己作为买方来买房的时候，是如何相信并充分激励我的房产顾问帮我谈到满意价格的。在我国，是买方付中介费的。他知道我是小有名气的销售教练，所以说一定要给我机会去和对方谈判，我说不能，也不用。我花了房价总额 3% 的中介费用请你做我的房产顾问，我对你绝对有信心，我尊重顾问的专业价值，也相信你的能力，我告诉你我能接受的购买价格和我能想到的能帮你谈判的要点和退路，你只管去吧，拿下！

结果是他谈到了我要的价格。

签合同的那天晚上来回沟通了 5 到 7 次，到最后一次他说真的谈不动了。我告诉他，你还可以的（这时候我仿佛就是一个销售管理者在激励我的销售伙伴）。如果不行，我还是坚持以我提出的购买价格成交，你谈不下的差价只能从你的中介费里扣了，至于你是将价格谈到位还是让中介费，我就不管了。我要的是结果，你肯定比我专业和知道卖方需要什么。然后我一顿鼓励和认可，他就去了。最后，我们拿到了满意的价格。

其实这个过程，我没有做一名销售，但是我懂销售的思考，也懂销售的难处，更知道人与人之间，信任的力量有多大。信任本身就带着无穷的力量，所以要信任你用心选择的人，信者也会得爱。

## 5. 恋爱关系

我的恋爱关系只求简单：谈简单的恋爱，做复杂的工作。两个人形成恋爱关系，我并不鼓励大家像研究客户一样去研究对方，然后非常费心地形成合作，我认为任何好的恋爱都是自然的适配，当然不代表不努力，喜欢的还是要努力呀。

恋爱关系、婚姻关系的经营，如果能像销售中客户关系的经营一样有意识、有方法，一定会比随心谈一段感情要来得有质量且持久得多。

其实恋爱关系和婚姻关系也是持续的情感和生活合伙，如果你把这种互利关系也看得纯粹一些，就少不了以下几点：

① 记住对方的偏好和敏感要点：如过敏的食物、特别不爱吃和喜欢的东西。

② 关键时刻的仪式感。

③ 让对方可感知的重视，不论是花钱、花时间还是花心思。

## 6. 人际相处

我的《顶尖销售的 18 大基本功》课上，有一个学员问我，客户约她吃饭，并反复交代说一定让他（客户）来请客。这次是客户因为一件私事请她帮忙。她在社群里问我要如何处理，要不要她先点了菜去结算。

我说，吃小亏，会有大福气。人际相处，多吃点亏、多付出准没错。当然，这一点不适用于那些长期只往自己兜里收、不会分享的人。这个道理不仅适合职场，朋友、客户之间都是如此的。

其实这是从做销售迁移出来的，特别是在陌生关系中，你主动利他一步，做得更好一些，你才能赢得更多的沟通机会。

# 去哪个行业做销售：给你一套好用的行业模型

作为一个知识博主，我经常会被粉丝问道：卷卷，你会推荐我去哪个行业做销售？有哪些机会比较好？

还有人问过我，如果我是法律专业毕业，但不想做律师，我可以选择什么行业？做什么工作？或者做什么行业的销售？或者是我是财会专业出身，但是我对财会这样每天面对账簿或者数字的工作一点都不感兴趣，我可以做什么样的工作？

关于选行业，如果你不清楚自己要做什么，有两个大概率不会错的选择思路：第一是选择能发挥你专业优势的行业，第二是看从现在起5到20年内，国家政策一定会支持的行业。

怎么看国家政策会支持哪个行业？这和找投资方向是一个道理。有两个特别简单的方法：第一个是看政府工作报告，这个现在也有很多金融人士在解读，好的信息从来就不缺，需要大家有意识地去重视；第二个是看股市，股市是有点势利眼的阴晴表，互联网最好的几年，最直接的表现就是股价持续走高。

那怎么看行业？除了最常用的根据交易流动的方向看行业的上游、中游和下游的研究方法，每个行业其实都有非常类似的逻辑，行业主体公司和行业第三方公司构成行业。这是我自己的一个很有意思的观察，大家可以套用到任何一个行业，对你思考行业上中下游和发展逻辑很有帮助，在这里分享给大家。

行业主体公司：指的是构成这个行业，对行业外提供核心价值的机构类型。

行业第三方公司：指的是给主体公司提供支持、赋能和服务的公司。

我们来看几个行业的案例图解，相信你就能理解，自己现在或者要去的公司所处的位置。

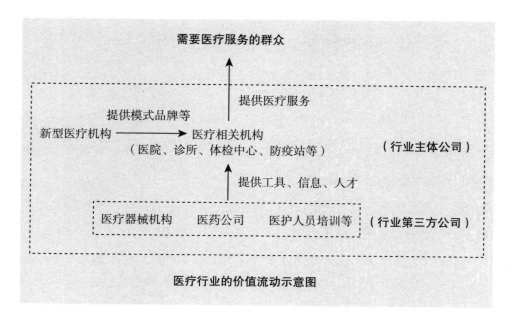

医疗行业的价值流动示意图

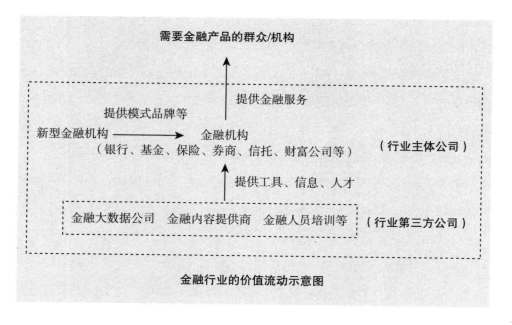

金融行业的价值流动示意图

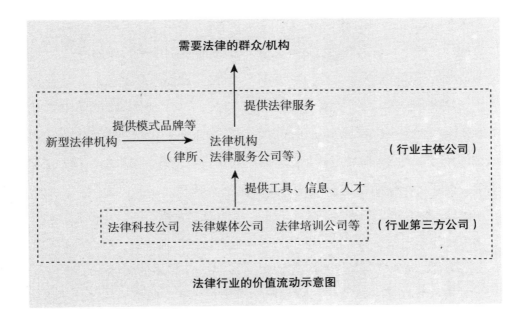

法律行业的价值流动示意图

主体公司是一个行业对外提供价值的核心载体。比如，法律行业的主体公司就是律所，金融行业的主体公司就是银行、证券公司和保险公司等，体育行业的主体公司就是大量的体育培训机构。比如，律所在为各大行业提供最核心的法律服务，各类金融公司在提供各类金融服务。

在主体公司之外，还会产生更高效或者更创新的新型法律机构，比如规模化的品牌方提供给主体公司加盟、赋能的服务。

除了主体公司，每个行业都会随着主体公司的壮大，在一定阶段，产生一批第三方公司，他们负责满足这个行业的细分人才需求、技术需求、发展咨询需求和信息需求等，所以每个行业都会产生行业人才培训公司、行业科技公司、行业大数据公司和行业咨询公司。比如法律行业，就会有法律人才培训公司、法律科技公司和律所管理咨询公司，我就职的第一家公司就是综合了这三类服务的典型第三方公司。

一般专业人士进入主体公司都是做专业服务岗位，但现在各大专业机构的分工越发细致了，所以专业机构也有了不少运营、品牌、市场、销售等岗位，只不过在一些行业，比如律所的这些支持岗位的专业化都处在初期阶段。

此外，每个行业都有"官方代表队"，负责监管、统率行业的内部治理。比如法律行业有检察院、法院、公安部门、司法行政部门等。

如果你做销售，要么是代表主体公司，面对外部行业传递行业价值，比如给物流行业提供上市 IPO[①] 的法律服务，要么代表第三方公司，面对行业内的主体公司传递支持价值，比如给金融公司提供专业的金融数据支持。这些事情，都需要有销售能力的人先把专业价值展示好。

所以，你在一个行业内的求职机会，基本就是从以上三类里选择。如果你学法律却不想做律师，可以和我一样，选择法律培训＋法律科技公司来成长。回头看，我职场前几年的快速发展，可以用以下清晰的底层逻辑来分析：

① 我 7 年的法学积淀虽然没有用在法律实操上，但是法律背景让我能在法律科技公司更懂产品、懂用户，所以用的是侧面价值，让我和非法学学生相比在内容产出上有很大的优势，这是我做行业公众号主编时特别明显的感受。

② 科技是国家未来 5 到 20 年都会坚定支持发展的事情，法律行业还没有很好的技术加持，所以法律科技发展也是很正确的方向。

③ 如果创业团队足够优秀，特别是有连续创业经历且拼搏的精神，就非常值得跟随，并能带动我们成长。

我相信有人要问：那如果我的专业和背景不是行业化的，不像金融、法律，我学的就是每个企业都需要的财会、市场营销怎么办？

如果你刚毕业，我会建议你去自己所能进入的最正规、在你这个领域做得最好的企业学习。以 BAT（百度、阿里巴巴、腾讯）为例子，早年我们都知道三家公司相互对比的话，百度胜在技术和流量、腾讯胜在产品能力、阿里胜在销售能力，所以你想做技术专家去百度，想做产品高手选腾讯，想做

---

① IPO，即首次公开募股（Initial Public Offering）。

销售铁军去阿里。一家企业的成功靠的肯定是综合因素，但是就像人一样，每个人都有自己的特长和优势，能够站在企业发展的角度去解读企业的制胜优势基因，你就能从企业中学到最好的能力。

我在这里强烈建议，不论你是有机会在大企业规范成长，还是只能在小企业自己扑腾，野蛮成长，既然我们负责的是企业的职能岗位，就务必冲着要做就做成专家的目标去工作，借助工作来形成一套有效的体系，这样对企业和自己都是最大的负责。

做一行、爱一行、专一行。努力在你的主业上成为专业人士。

# 销售，需要你读懂人性的这些点

想要和客户成交，需要理解动机和需求的区别。需求分为两种：痛点和欲望。

想要让客户更快成交，就要理解人性，而人性是"我要更多更好"。

## 1. 务必区分客户的期待、动机和需求

客户会因为需求找你，但是会因为动机做判断、下决策。

需求就是客户会直接或者间接说出来的需要，而动机是决策的根本原因。

举个例子，有时候我们能从需求里听出动机。同样是购买一个管理软件，一个管理者说，他非常注意流程的线上化，因为他经常出差，不知道公司内部的一些运转情况。另一个管理者说，他非常注意能自动给客户生成服务账单的功能。我们可以从这种需求表达中听出来动机的不同，前者的动机是管理和掌控，后者的动机是赚钱和成就。

再举个例子，我们有时候并不能从需求里听出动机。比如，两个家长从孩子3岁开始就送他们去训练体能，需求都是提高孩子的身体素质，但是背后的动机可能就完全不同。第一个妈妈是在孕产期的时候因为个人原因身体状态不太好，导致孩子天生的运动技能比较弱，她对孩子心怀愧疚，且很担心孩子未来的身体素质，她的动机其实是爱和担忧。而另一个妈妈是职场达人，是一个对任何事情要求都很高的人，她希望自己的孩子也是人中龙凤，

所以身体机能必须要好，她的决策动机是成就。

动机才是一个人去做一个决策更深层次的原因，这也是我深入研究九型人格，把九型人格理论落实到销售场景中去的原因。九型人格是研究动机的一个心理学门类，如果销售能多维度地洞察到客户的内在动机，如果管理者能很好地掌握员工的动机，就可以更好地与之对话，绑定双方的目标愿景，从而形成良好的合作关系。

九型人格是起源于古代中亚地区且有几千年历史传承的古老学问，经过全球学者和心理学家的不断迭代，因其实用性和精细度较好成为斯坦福商学院的必修课程，也在众多世界 500 强企业培训中被广泛使用。我对 PDP（行为特质动态衡量系统，把人分为老虎型、猫头鹰型、变色龙型、孔雀型、考拉型）、MBTI（迈尔斯 – 布里格斯类型指标）、DISC（个性测验）等几大心理学工具做了较为深入的研究和对比后，结合自己的一系列实战体会，才正式决定将九型人格用于销售实战的训练中，目前 100 多个行业的学员验证了这个工具对销售工作的帮助确实很大。九型人格相比于其他理论体系更卓越的地方在于它不是关注行为模式，而是关注行为背后的深层动机。

在销售中，销售尤其要区分客户的期待、需求和动机这三层内涵，能抓到动机的销售拥有最大的施展空间。期待、需求和动机有何不同？期待是客户表达出来的对自己想要的产品或服务的描绘，需求是客户目前需要解决的问题或者想实现的目标，而动机是需求背后最深层的出发点。

举个例子，一个人来找你咨询有没有好的提升业绩的课程时，对于他的表达如果你只听期待，不找动机，很可能判断失误，因此错失机会或者给客户错误的产品推荐。

客户的期待："你好，你可以给我一个快速提升业绩的方法吗？"这是客户理解的解决方案的样子的描绘。

客户的需求："我需要带团队，团队成员的业绩参差不齐。"客户的需求是系统性的培养方法。

客户的动机："我刚成为销售管理者，想马上做出一些成绩证明自己。"客户的动机是"成就"。

当你知道客户的动机后，你可能就会有更多的说服点，可以给客户最佳的产品选择。

客户的期待是具象的，但是不一定是满足他的需求最好的选择。

再举个例子，家具市场来了一个中年男子要买凳子。

客户的期待："你们有没有比较宽的榆木的凳子？"

客户的需求："我要找一个结实的凳子。"这时客户透露的核心需求是要"结实"。

客户的动机："我的父亲母亲年纪都大了，摔不得，所以需要比较结实的、宽的凳子。"当问到这里，我们才知道客户的动机是"爱"，聪明的销售还可以推荐更多配套的、结实的家具，供客户一起带回家。

此外，如果你的门店里没有榆木的凳子，那你可以给客户推荐柞木的凳子，它的款式和价位、老人坐上去的体验感可能更适合这位客户的需求。

所以，研究客户的动机能让我们通过一些具象的行为推断出客户的人格模式，及时调整和客户沟通的重点、方式和顺序，由此能大大提高销售成功率且客户会感到很舒服。这才是真正的"见人说人话，见鬼说鬼话。"因为你懂对方，你才会知道对方需要听什么。这些实战方法我很系统地在我的课程《顶尖销售的 18 大基本功》中进行了讲解，通过社群、一对一讲授和在线课程或两天线下训练营的形式帮助大家快速掌握。实战的方法才是销售需要的。

在九型人格理论中，把人动机的不同分为三类九型，三类即分为脑族、心族和丹田族，划分依据是不同族群思考方式的底层逻辑。

◆ 脑族：事情为中心位，做决策靠逻辑和思考为主。

◆ 心族：他人是中心位，做决策靠情感和情绪为主。

◆ 丹田族：自己是中心位，做决策靠直觉和本能为主。

关于九种人格类型的具体分析，我在此分享一张表格，是我总结的九型人格销售的核心优势和潜在劣势，每一种人格的销售都有最适合自己的销售模式和方法，真正的高手是把自己的人格优势发挥到极致，同时又能很好地回避劣势。

| 扬长避短·九型销售的优劣势表 雪梨卷 –FitShirley 原创 2022 年 8 月 | | |
|---|---|---|
| 1 号 – 规则（完美主义者）优势：做事高要求，交付的服务品质高、道德感强<br><br>劣势：容易内耗，变通性差，不够灵活，过于是非分明 | 2 号 – 爱意（助人者）优势：亲和力强，对他人的情绪需求很敏感，客户服务体验好，有耐心<br><br>劣势：只顾舒服，缺乏掌控力，逻辑思维较弱，不够干练，目标感较弱 | 3 号 – 成就（成就者）优势：影响力强，执行力强，目标感强，注重个人形象<br><br>劣势：过分在意外界，心态和情绪不稳定，过度追求目标可能会显得功利 |
| 4 号 – 独特（悲情浪漫者）优势：观察力强，有独特的才华，审美和创意优势<br><br>劣势：太关注自己和失去的东西，情绪敏感，对目标追求不够，有时会偏离实际 | 5 号 – 知识（观察者）优势：思考力强，愿意深度研究，把学习当作习惯，就事论事，比较理性<br><br>劣势：过于专注于事情和逻辑，不关注人，导致可能专业却拿不下客户 | 6 号 – 忧患（忠诚者）优势：风险意识强，做事周全，答应了的事都能做到，靠谱<br><br>劣势：对新事物和突破畏手畏脚，顾虑多，思考方式不够积极 |
| 7 号 – 快乐（享乐者）优势：活泼有趣、建立信任快且灵活，擅长整合和创意<br><br>劣势：容易被新事物吸引，做事韧性不够、专注度不足，持续跟进能力不足 | 8 号 – 权威（保护者）优势：掌控力强，想法简单，行动力强，影响力强<br><br>劣势：同理心不够强，容易给客户压力，情绪管理能力比较弱 | 9 号 – 和平（调停者）优势：让人觉得平和舒服，共情能力强，擅长斡旋和资源整合<br><br>劣势：容易缺少主见或过分体谅客户，没有掌控力，目标感较弱 |

这套方法也可以很好地迁移到销售管理及个人的工作和生活中。

## 2. 需求有两种：欲望和痛点你真的分得清吗

需求产生交易，交易的来源有两种：欲望和痛点。

对做 To C（To Consumer，面向消费者）业务来说，一般做明显痛点的生意都更容易一些，做欲望刺激和需求挖掘的则更需要销售能力。医院就是典型做痛点的生意，而你要做美容整形，就是做欲望型的生意，哪里更需要强大的销售力量呢？所以 To C 类业务中痛点型业务更好做一些。

而在 To B（To Business，面向企业）业务里，降成本、增效、合规、开源几乎是企业客户的核心目标，降本、合规就是痛点，只要政策抓得严格，所有企业都不得不抓财务、业务合规，但是增效、开源则是欲望型的需求，在 To B 业务中做欲望型需求业务更容易一些。因为决策者有天然的想要获得更多收入的目标，痛点型需求经常排在欲望型需求之后。

当然，我本意不是让大家去挑好做的业务，好做的业务竞争是很激烈的。厉害的销售，应当在自己擅长的业务类型里都能卖好。只不过如果你能更快地看到问题的本质，会轻松不少。

判断是不是真正的客户，给大家一个思维框架，包括三个要点：

- 主观意愿：有欲望/痛点，且对品牌、销售认可。
- 客观能力：时间/预算/人力等。
- 决策能力：对接人是否有决策权。

之所以要分清楚是欲望还是痛点，是因为其对我们讲价值的发力方向是真的很有帮助。

举个例子，保险难卖是因为客户在使用这个产品之前，认为保险对他而言，是一种对稳定生活水平、安全和确定性的"欲望"，但是在真的生病和发生意外等情况下是在解决"痛点"。所以，销售难点经常卡在客户知道要买但是总是不着急。我们来看一个非常厉害的销售表达，让欲望用更合适的表达外化出来，这是我在朋友圈看到一个创业者前辈夸自己的保险销售的，以下是他圈出来的表达，确实可圈可点。

××总，昨晚我在想什么样的保障适合你这样年轻的企业创始人，高风险、高收益、高压力。越是成功的人，对不确定性的认知越深刻。在这个成长的过程中，可否用制度化的东西去帮你留住一些财富是一个很有价值的命题。所谓"上场也需考虑下场时"，保险可以作为底线资产帮你兜住未来的生活。

这段话，主要是把隐形痛点外化出来。
再比如：

现在和你一样高学历、高收入的年轻人可能很多，但是提早为自己规划和形成好习惯去践行的则很少。保险是一种隐形资产，是别人看不见的低调资产。

这里的"多"和"少"的对比，资产的低调和隐形，都是在让企业家客户欲望加强的很好表述。

所谓的**"贩卖焦虑"，其实是放大痛点**；所谓的**"刺激需求"，其实是激起欲望**。

## 3. 为何在交易中需要特权特价

什么是人性？

人性就是想要更好、更多对自己好的东西。这种"更好"是非常主观的，这种"更多"可以是看得见的实物、看不见的情绪和在意，还有可能是可以让对方更懒等，总之是对他要有益。

基于这个原理，利他绝对是我们做人和做销售最简单的通行法则，你多为对方想一些，多为对方争取一些，得到对方重视和理解，双方就容易达成合作。

所有人都希望自己是被特别对待的，因为人性是总希望自己拿到的是更多更好的。所以我们一定要理解和尊重这个规则，因为连我们自己都是这样的。特权指的是给予对方特别的权利、服务、福利等；特价是价格上的特别优惠。

友情、爱情和亲情也是特权特价的典型场景。你是我的男朋友／女朋友就意味着你是我唯一的异性伴侣，这让两个人都觉得对方都是独特的。包括亲情中，二孩父母经常要注意平衡，将放在更小的孩子身上的注意力分一些给大的孩子，因为大的孩子面临着从之前作为独生子女的所有关注到被不知不觉少了这种"特权"。友情也是，闺密们都希望自己对对方而言是独有的、稀缺的。

人性中对于这种特别感的追求，在商业中通常表现为特别的价格、特别的服务，只限××时间、××人数、××份数，即：限时、限量、限你。

我非常支持、尊重和理解现在很多产品和服务坚持统一的价格，但还是建议基于人性的特质，在福利和服务层面予以一定的特权可能，这样更有利于成交转化。

但是我们也经常会很被动，因为我们给的多，对方想要的更多，所以我们不能被人性控制，要顺应这种需求，这也是我设计的"福利布局"的最简单逻辑，我给你福利，但是福利是有对价的，就是更快成交，所以福利的提供本身也是双方的价值互换。我给你更多更好你需要的，你给我更快更多我需要的。比如客户可以更快地和销售成交，或购买的更多。

第二章

# 销售专业：不在自己的主业上成为业余选手

# 真正认识自己属于哪种销售

在正式给大家拆解销售的不同类型时，发现很多人分不清销售和市场、品牌以及营销的概念。

不信我们来做个小测试，请你快速回答卷卷一个问题：品牌、市场、销售和营销分别是什么意思？分清楚它们分别代表了什么动作和能带来什么价值，这很重要。

一个企业最简单的逻辑是，找到一个满足别人的价值点，提供对应的产品/服务，然后要真正地在用户那里形成可感知的价值，必须解决的事情统称为商业变现。商业变现，就是需要找到合适的客户，让他付费选择你。

那把产品/服务变成收入，中间有几步要走？分别是哪几步？如果你能很清晰地掌握，就会少走很多弯路，也就能拥有一个创业者的全局思维。

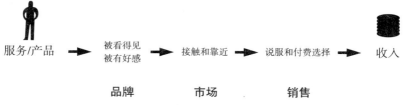

商业变现能力=获客转化能力

服务/产品 → 被看得见 被有好感 → 接触和靠近 → 说服和付费选择 → 收入

品牌　　　　　市场　　　　　销售

## 1. 品牌、市场、销售和营销的区别是什么

品牌即让更多人知道你、喜欢你。更专业的说法是获得知名度和好感度。一个产品能获得更多的客户青睐，需要通过广告、KOL[①]背书、各类活动等，先让潜在客户知道有它，而且觉得它"还不错"。

市场即获得更多可接触的潜在客户。品牌更进一步地聚焦，就是要让品牌方的市场人员、销售人员能触达可能为其付费的所有人，所以大部分公司考核市场的最终工作结果，就是有效的线索资源，也即潜在客户的数量。市场活动包括但是不限于地推、投放、宣讲获客等方法。

销售是变现的终环，是指让客户付费选择你。销售通常是系统工作最后的呈现，不仅在销售过程中需要步步为营，还依赖着品牌方在品牌、市场、服务中积淀的客户印象。

营销是一个泛指，基本等同于市场+销售的工作，之所以有营销这个比较模糊的词出现，是因为确实不少时候，市场销售是一起做的，比如会销讲课、直播，都是讲解+转粉，甚至成交都是同时进行的。在初创公司，这两件事基本上也都是一起做的。一般只有比较大的公司，才会有专门的、权责分得比较清晰的品牌部门、市场部门和销售部门。

区分这几个概念的意义非常大，主要体现在以下几个方面：

第一，不同工作环节的考核目标是完全不同的，它们之间是漏斗上下层的关系，只有清晰了它们之间的不同和关系，才能做目标管理。通常品牌考核的是曝光量、好评度，市场考核的是资源量，销售考核的是客户数、业绩额。所以，可以这样定目标：这个月品牌目标是增长12000个粉丝，市场目标是增加1000个资源量，销售目标是转化200个客户。

---

① KOL：关键意见领袖（Key Opinion Leader）。

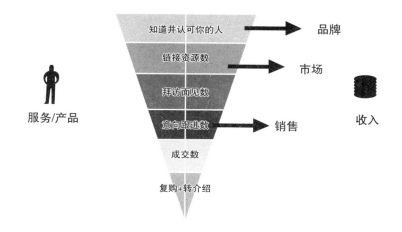

第二，明确商业活动中的目标也非常有必要。同样是举办一场线上活动，如果目标是品牌推广，那我们应该在如何引起转发、更多裂变上花心思。如果你的目标是市场获客，那策划的要点应该是怎么获得更多联系方式。如果你的目标是销售变现，就应该在选题和内容上花心思。而且非常建议专注于一个目标去做策划，如果你的一场活动，既要品牌又要市场，还要销售业绩，通常效果都很难特别如意，难度也会非常高。

第三，只有知道不同岗位的要求不同，我们才能更知道不同特质、各有所长的人应该在哪个岗位上效能才能发挥得最大。擅长传播的人，做品牌最适合。擅长策划、运营和执行的人，最适合市场。擅长影响和成交的人，适合销售。

在分清楚品牌、市场、销售和营销的区别之后，我再带你找找自己究竟是哪一种销售，你一定会豁然开朗。

## 2. 你是超级个体型销售、渠道型销售、综合型销售，还是职业型销售

我们在实际工作生活中会发现，好多销售并不仅仅做变现成交的工作。是的，专业分工非常明确的公司，才需要销售只做成交的事。我把常见的销

售分为四类。

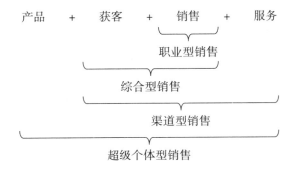

（1）超级个体型销售

我见过不少专业人士感到不服气，"明明我专业比别人厉害，但是业务产出就是不如别人"。

很多靠自己专业能力赢得客户的人，如一些律师、咨询师、财税规划师、设计师等，自己很专业，但是确实没有赚到什么钱。

那是因为他在这个时候遇到了一个非常大的挑战，就是他的专业需要被看见，他的服务需要被消费，他的才华才能变成生产力。

商业变现，需要三要素：好产品、足够的流量和转化率。你很厉害、很专业只是赢在了第一步。非常多厉害的人有一个特质，内心看不上销售，不愿意去谈，其实这是很大的误区，真正的销售不是去推销，而是把你的价值传递给别人。

产品、流量、转化率对应三大能力，分别是专业能力、市场能力、销售能力，特别是在现在各个行业竞争越来越厉害的时候，越来越多的压力和差距会体现在市场和销售能力上。

所以，如果早点意识到这一点，很多超级个体的产生会更高效。但目前的情况是，很多专业人士因为忽略销售、市场等市场能力的训练，只能选择用合作的形式，自己只负责提供专业价值，把变现问题交给合作方。这也是一条路，就是放弃了销售职能。劣势就是无法完全自由和独立。

第二章　销售专业：不在自己的主业上成为业余选手

怎样定义超级个体型销售呢？他们是才艺或智力密集型的人才，多出现在知识付费的专业人士身上，如手艺人、过去的艺术家在没有艺术中介如画廊的情况下，也是如此。又如律师、咨询师、设计师等，他们大多提供的是无形服务，在销售场景中，他们卖的并不是设计方案本身，更多的是自己，让自己获得信任和价值认同，才能让他们有机会被客户选择。

他们一个人基本就是一个商业公司，从自我训练成能有为他人服务的能力的专业人士，到让别人了解他，再到让他人信任和选择他，然后他自己产出作品/方案，最后自己跟进服务和落地，一个人负责了全流程。

所以，超级个体型销售＝产品＋市场＋销售＋服务，也就是一家公司的产品、销售和管理都要一个人完成。

专业人士出于对专业的敬畏，在变现这条路上经常有两个误区。

第一个误区是认为专业能力才最重要，商业能力（销售市场能力）不重要。"专业不行怎么能做业务？"很多专业人士和我说过，"我现在觉得这个想法大错特错，等对自己的专业能力满意了，却发现自己偏科太厉害了，没有客户买单的专业能力再强有什么用？"如果必须选择一个能力先突围，首先得有客户信任你、选择你，其次专业能力也需要在服务中快速迭代和成长。

第二个误区出现在根本不觉得销售能力是一种专业。很多人靠师傅带徒弟，师傅有时候只会告诉你"你自己悟"，有天赋的自己野蛮成长也长得不错，天赋稍微弱点的就吃大亏了。

实际上，我们可以简单地把专业人士的个人商业闭环理解为有两条腿：专业能力，即提供给客户的服务是一条腿；业务能力，即让用户能信任你、选择你，则是另一条腿。任何一条腿瘸了，都很难走得快起来。

从专业人士变成了超级个体，真正能完成产品—销售—服务—转介绍续费—产品服务升级的专业人士，基本一人就是一家公司了。

（2）渠道型销售

渠道销售和直销团队是对应的概念。很多企业发展业务的方法是自己建

029

立一个销售团队来直接实现商业变现。但是很多软件公司、保险公司以及零售行业，核心都靠建立渠道来实现货品的终端触达。

渠道型销售和超级个体型销售的不同在于，产品不需要自己来生产。他们拿来产品，主要负责推广、销售和后续的服务。

渠道商又分为两类，一类是只代理某品牌的产品，另一类是代理了多种客户需要的品牌的产品。很多软件公司在主力发展渠道商，特别是面对政府的业务或者需要一定的地缘、资源优势的，都靠在各个地方发展代理商或者和集成商合作来扩大蓝图，就是因为渠道商的核心优势在于客户资源的获取和熟悉度。

保险行业的所有经纪人和代理人，本质就是保险公司不断发展的渠道商，他们要做的是包括设计产品之外的所有的售前、售中、售后的事务。除了公司层面会提供一些品牌的加持，市场获客、销售变现、客户服务都是保险从业者要负责的。

所以，我不是非常建议职场小白、刚毕业的新人在没有任何客户资源和良好的职场能力积淀下开始从事保险，因为保险能做好，需要十分综合的能力。反之，为何很多医生、高管、金融人士转型做保险的优势很大？因为他们已经有了不错的职场口碑、职场素养，能在价格统一、产品没有差异化的基础上，给客户提供差异化的优势，赢得竞争优势。

零售行业非常靠渠道能力，一个产品能不能很好地进入各大商超和柜台，能不能通过更多KOC①送到终端消费者手里，非常重要。比如白酒销售都要擅长拉团购客户，就是因为有带货能力的消费者能借助商业场合很自然地推广一类酒。

所以，渠道型销售 = 市场 + 销售 + 服务。

我经常说能把渠道型销售做到顶尖，基本就是一个公司的用户合伙人了，

---

① KOC：关键意见消费者（Key Opinion Consumer）。

因为除了不负责公司的产品和技术，其他的事情他都能搞定。

（3）综合型销售

综合型销售是获客和销售都要自己负责的销售类型，不少公司并不会给销售提供资源，销售需要的是找到客户并让客户选择他们。

在进入一家企业之前，能够清楚地意识到获客的难度，是需要获客还是只要负责成交？知道这个对于你能理性选择一家企业是非常有必要且有帮助的。此外，常年积累下来的客户资源，往往会成为综合型销售的职场资本，很多大厂销售从 A 厂跳槽到 B 厂，很多时候是因为 B 厂看重该销售在 A 厂积累下的资源。

所以，综合型销售 = 市场 + 销售。

（4）职业型销售

职业型销售是最纯粹的销售，即专职销售，他们只负责一个核心目标，就是让客户选择自己所在的品牌。我经常说，不要在自己的主业上做一个业余选手，最主要指的是综合型销售和专职销售，专职销售的职业价值，主要是帮助公司赢得更多的客户和市场价值。

在专职销售的职业生涯中，很少会一直服务于一个行业和公司，而且客户始终属于公司，特别是切换行业和赛道后，原始的客户积累可能帮助不大。这时候最核心的竞争力是能从 0 到 1、从 1 到 100 地去开拓客户，这对专职销售自身的能力有很高的要求，千万不能空有经验，而没有底层逻辑，否则是经不起切换赛道的考验的。

所以，这四类销售的区别，主要是业务中负责的事务的综合和复杂程度不同：

超级个体型销售 = 产品 + 市场 + 销售 + 服务，比如律师、设计师等；

渠道型销售 = 市场 + 销售 + 服务，比如保险经纪和保险代理；

综合型销售 = 市场 + 销售，比如代购等；

职业型销售 = 销售，比如汽车门店里的销售。

### 3. 根据客户划分销售：2C、2B 和 2G

我们常听到 2C、2B、2G 等简称，这些是销售客户类型的简称，2 代指"to"，C 是 Consumer 的缩写，指个人客户；B 是 Business 的缩写，指企业客户；G 是 Government 的缩写，指政府客户。

依据主要客户的类型，再参考产品是否标准化、单价高低和决策复杂程度，销售主要分为五种类型：

**2 小 C 销售**：即 To 小型 Consumer，面向较小的个体消费者的销售。比如，价格百元至数千元的课程销售、摄影销售、健身房销售、轻奢销售等，提供的通常是以标准产品为主，客户要么是为自己做决定的成年人，要么是为孩子做决策的成年人。这类业务需要销售亲和力强，可能靠线下见面 / 线上沟通成交，要做好的话，都要很勤奋，工作状态必然是很忙碌的。

**2 大 C 销售**：即 To 大型 Consumer，面向消费金额较大的个体消费者的销售。比如，软装设计师、财富公司的理财顾问、保险顾问、汽车顾问、房产顾问、高奢销售等，所负责的产品通常以非标准的咨询式设计服务且金额较大的非实物产品 / 服务为主，要求销售满足个人综合素质高 / 专业度高，客单价比较高，因获得信任需要，双方要较高频次见面，需要销售的服务意识很好。

**2 中小 B 销售**：即 To 小型 Business，面对中小企业客户的销售。比如，SaaS[①] 软件销售、企业服务方案销售，主要提供标准产品服务，想做这类销售最好进攻性强、勤奋且喜欢忙碌的生活，现在中小 B 销售的获客和变现以线上为主。

**2 大 B 销售**：即 To 大型 Business，面对大企业客户的销售。比如，技术

---

① SaaS：软件即服务，也称云应用程序服务。

解决方案销售，包括 IaaS① 和 PaaS② 销售、建工销售等，产品以非标解决方案为主，销售需要进行一定的资源整合，并依赖于和技术服务团队的配合，通常业务专业度高，也多需要进行招投标。

**2G 销售**：即 To Government，面对政府客户的销售。比如，给政府提供各类民生物资采购、系统搭建等。这类销售需要多次沟通和较高频次见面，订单特点是金额大、周期长、决策慢但是复购率高，客户会议多、文书写作多。和 2 大 B 销售一样，2G 销售独立性弱，通常需要团队配合才能完成得好。

之所以要了解自己属于哪一类的销售，是为了预测自己的工作状态，以及看自己的个人优势和风格是否能匹配到目前的业务里。我在实务中发现，适合 2 大 B 的销售在 2C 上做得特别痛苦，包括很适合中小企业的快手型销售去了需要长周期、强配合的 2 大 B 和 2G 的环境中也是痛苦得不行。所以选对自己的业务模式很重要。

此外，还存在一部分情况是，销售要同时负责五种类型中 2—5 种业务类型，这个时候大部分销售只能在部分种类上发挥得很好。比如，小王的硬件既可以卖给 C，也可以卖给中小 B 和大 B，你会发现他要么是 C 和中小 B 做得更好，要么是大 B 做得更好。

小 C 和小 B 的"小"，基本都对应客单价的小和决策流程的相对简单，这要求在这个赛道的销售必须有较多的成单量，因为业绩＝金额×数量。所以，勤奋、拼搏、风格快准狠是"小"类客户销售要具有的。如果你是这种风格的销售，你也一定会展示出比较明显的优势。

大 C、大 B 和 2G 的"大"，指的是金额大、决策复杂且成交周期长，适合考虑周全、擅长协作且有一定耐心的人才，风格上沉稳成熟，擅长资源整

---

① IaaS：基础架构即服务，也称云基础架构服务。
② PaaS：平台即服务，也称云平台服务。

合的销售就有较为突出的优势。这类销售还需要经历比较长周期的训练，才会成熟并且能独当一面，同时也需要能经得住延迟满足。如果你善于"谋略"、有耐心且喜欢研究更深的业务技术，这个类型会相对适合你。

## 4. 直销和渠道销售

直销就是公司自建销售团队来进行销售。我们说直销团队是指公司自有的销售团队。除了直销团队之外，不少公司通过搭建下游渠道实现销售目标，这就是渠道销售。

渠道销售的最大不同就是你服务的对象是你的渠道，你更像销售管理＋销售中台提供支持和激励的角色。如果你是负责渠道业务的销售，你怎么能服务好这些渠道方呢？

比如，你要将你的美容产品通过美容院铺到市场，你要通过牙科机构来获得需要牙科美容的客户，你手里有很多负责帮你做团购的客户，你是保险公司负责将保险通过各个银行推广下去，要负责管各区域的保险渠道。你不再面对终端，要怎么才能做好渠道销售呢？

关于服务好渠道方，我有以下经验分享给你：

① 记住，渠道方才是你的客户，你要深度研究他们的优劣势，记住他们的需求和目标，甚至要了解渠道方的收入构成，只有足够了解他们，才能更好地合力和更好地帮助他们。

② 最终的业绩目标是经由渠道方中的每一个业务员来完成，所以要洞察业务员的需求，处理好关系，给资源支持或能力加持。

③ 去给渠道方授课分享的第一要务不是讲清楚产品，而是获得信任。

④ 给予渠道方在产品迭代服务、售后支持等问题上的安全感，做好及时的信息同步也很重要。

## 5. 销售的媒介不同：电销、面销、会销、网销和店销

根据不同的销售媒介方式，可将销售分为五类。

**电销**，即电话销售，通过陌生电话进行客户开发和成交。

**面销**，即当面销售，比如我们上门拜访客户，和客户约在咖啡厅沟通等，通过见面沟通的销售方式。

**会销**，即会议销售，通过举办会议和课程等，经过内容影响、现场势能打造，实现一对多的销售方法。

**网销**，即互联网销售，包括各大电商平台的客服式销售，也包括通过微信、Whats（海外的社交沟通软件）等进行客户跟进进而成交的销售方法。

**店销**，即店面销售，比如线下培训场馆、家居等销售，需要客户到店体验、参观等才会成交下单。

这几类销售方法，在工作中需要销售具备哪些特质会更容易出彩，我也为大家做一个简单的梳理。

电销：需要坚持不懈、勤奋刻苦的品质，因为工作比较枯燥、重复，最好能够快速链接纯陌生人，灵活应对。

网销：要具有很高效的回复能力，所以电子工具要使用得好，因为客户可能随时找销售。还需要勤奋，非常考验破冰能力，因为和电销一样，互联网客户的信任度都比较低。

店销：店面内面见客户，加上适当的体验和咨询，能够让客户停下来和你沟通，进行比较长时间的停留。这种方式能够比较快地抓住客户的痛点需求，是很重要的能力。

面销：一般需要主动拜访客户，需要形象较好和表达能力出众。

会销：一般还要兼顾运营，能讲课最有优势，需要现场成交还需要比较强的控制力。

在实际的销售流程中，大部分销售都要借助多种销售方式，比如先电销获取客户，再网销跟进，通过面销增加信任和解决问题，最后成交。当然，也有不少销售是只做电销的。

直播销售作为一种新型的成交模式，是会销 + 网销的新结合体，逻辑和这两种销售方式类似。

# 销售能力如何在实战中变得专业

我在做任何一个工作的时候，都希望自己能成为专家，至少要专业。所谓专业是能形成一套方法论，能知其然，还能知其所以然，能自我定位问题所在，还能自行找到解决的思路和方案。

销售在各行各业普遍存在，但是少有人会把它当作一门技术去研究。所以给了我一些机会，我想和大家分享，我是如何在资源有限的情况下，让自己快速成长，成为一个能够帮助很多销售的"90后"销售教练的？

要成为专业的人，思路和方法非常重要。我的18大销售基本功也是在这样的思路中，慢慢沉淀输出并迭代形成的。

## 1. "借事修人"的做事认知

三种思维和态度，是三种职场高度，也是三种人生。

第一种思维是工作即交易模式，工作就是工作，给几分钱就出几分力，做完了拿了钱就完事了。这是不少职场人以时间精力换工资的心态。

第二种思维是个人工作成果是作品模式，工作就是做好每一件事，把交到自己手里的事情尽力做好，按照自己的高标准来，也会得到需要的肯定和回报，这是职场中表现得较为不错的一群人的态度。

第三种思维是个人即产品模式，把任何困难和工作都当作最好的自我训练的机会，喜欢且渴望用一切工作机会进行自我成长，所以不设限，不觉得哪些必须我做，哪些不是，每次做事都要求迭代和进步，并且一件事情做多了，持有"既然做了就要做成专业的"态度。这种态度叫借事修人。

"修"人，修的不是表面的经验，是人的底层能力，是最基础的解决问题能力、沟通表达能力，以及看问题的高度、角度和方法，这些训练是透过岗位到达下层能力的沉淀。

只要是秉持着借事修人这种思考方式的职场人，本质对于工作都有比较高的热情和期待，也会更坚持长期主义，因为他们不会要求立马从当下的工作中得到即时的物质或精神奖励。他们会借助事情让自己有更大的突破。

用一个工作场景的例子，可能会更为生动。在 2B 销售的工作中，通常会需要准备产品和公司介绍 PPT，这是一个在见客户时会反复经历的场景。

第一种工作思维的伙伴通常会去找老同事的 PPT，基本不改就上去讲，觉得讲这个就是一个必经流程。

第二种工作思维的伙伴会借来同事的 PPT 作为参考，自己再动手做一个自认为更合理和更有质感的，为了帮助自己在商务见面中更好地赢得客户的好感，从而帮助成交。

第三种工作思维的伙伴，会认为这是特别好的自我训练场合，这个训练不仅可以训练对该客户的公司、产品介绍，还可以延伸到各种商务场合，包括讲战略书、介绍项目等，所以他做 PPT 的时候，思考的是如何让陌生人在最短的时间内理解并有好感度，如何和现场的人有互动。因此，通过做客户会面时的公司介绍 PPT，延伸和训练了在会议中做公开介绍的底层能力。

换个角度，如果此刻他是为管理者做出席 PPT 的人，也一定会回到这个PPT 使用的场景，甚至去踩点看场地，会和演讲者沟通确认这次分享的目的，合作的主办方的主题色、Logo，还有去看过去演讲者的风格，甚至在 PPT 中还会附上演讲稿，因为他的目标不是提供 PPT，而是为了更好地利用一次非常好的影响客户的机会。

这种思维还能非常好地影响到职业选择，这也是我在职场规划中每一个看似"小众选择"的背后逻辑。

我在一个老东家的成长路径是从课程运营和产品经理做到了公司的核心媒体——行业头部公众号的主编，从做新业务的销售，到销售冠军和纪录保持者，到成为这家公司最年轻的合伙人。三年多的时间里，我几乎满负荷地工作，过上了我高中时期待的"穿高跟鞋和职业装在机场里奔赴下一个战场"的职场女性生活。

直到有一天，我觉得成长出现了明显的卡点，再加上身体出现了明显的过劳症状和心理上受到了委屈。我深思熟虑后，提前一个月告诉了分管公司所有业绩的合伙人，然后裸辞了，离开了这家我很认可、与我相互成就的老东家。

其实不少伙伴都觉得我太冲动了，觉得我好不容易成了高管，在竞争那么激烈的公司，那么不容易取得的成果，怎么就放弃了呢？

我有我自己选择的逻辑，这个逻辑不是明面上的主流价值观，比如追求户口、体面的品牌、稳定，这些一直都不在我的选择逻辑里，我最关注的也是我的内心最在意的是：能否在这个新选择里获得更好、更强、更综合的自己。如果不能继续打磨自己，让自己突破更难的事，并且得到正反馈，我就会离开。

"成长"这个选择的核心点，切切实实地决定了我考研选择清华，也决定了我第一份工作的选择，从清华毕业后没有去公检法做一个正统路线上的法律人，也没有做律师，更没有去同学们都努力进入的外交部、商务部这样的好单位，而是去了一个只有30多人的创业公司。而我第二份工作又选择了一家 AI（人工智能）科技公司，还是有很多人不太理解。做过"行业化市场"（产品只提供给某一个行业的客户）的伙伴一定能感受到行业垂直的好处和局限，所以对于第二份工作，我复盘了我第一份工作离职的原因，也避开了重复困境产生的可能，所以拒绝了不少行业大厂的邀约。这次，我希望自己能在一个有前景的赛道，用足够多的训练机会，并且和我的经历是有互补之处的，而不是消费过去的经验。我不喜欢依赖过去的光环和经验，我喜欢从头再来的突破。

第二份工作，我选择的逻辑是：

第一，大赛道得对。人工智能的方向对、技术扎实，也和我熟悉的法律行业略微沾边，我愿意带着团队做公司和产品的代言人，我深谙销售、市场、品牌等岗位选择一家公司，其实就是选择做这个产品和公司的经纪人和代言人。

第二，能有真正的让想法落地实战的机会。我是不怕压力的。另外两个合伙人在我擅长的商业化部分存在短板，我能很好地补位并有比较好的发挥空间。

第三，能否互补且突破我之前的工作经验，继续修炼和打磨自己。我的第一份工作训练的是会销、内容营销和面销的能力，服务的是国内的大型品牌所和各省、市律所及更多下沉市场的法律机构，而第二份工作几乎是靠网销＋电销为主来实现，服务的是红圈所、外所和各大企业法务部，还有和文字传媒紧密相关的行业，让我真的进入泛行业的 2B 市场。

所以借助事情修炼自己，这个思维方式能够让你在大大小小的工作场景和决策中，做出更长期主义的决策。

同样，正是因为借事修人的想法，我才有机会和勇气去体验各种陌生的销售方法，不会第一时间想"太难了，我不会，怎么办"，而是会产生"做新的工作训练了我"的庆幸和期待。

## 2. 实战积累，结构化学习

我在做任何一份工作时，只要我认为它会成为一个比较核心的职业能力或者工作模块，那我一定希望自己能形成比较体系的认知和方法，因为徒有做某类事情的经验是很低效的。

2021 年"双减"政策实施后，释放出非常多的教培人才到市面上求职。我作为顾问帮一个公司终面一个销售，这个销售被我一票否决，个中原因回想起来还是令我很有感触的。面试者是 1989 年的，在 K12 教培行业做了 9 年销售，因为行业问题要转行，面试中我问了以下几个问题：

① 你之前拓客的方法是什么？

② 你做 ×× 业务的心得能够分享给我吗？

③ 为什么你的第三家公司最后会倒闭？你来从你的角度复盘一下。

④ 马上到婚育年纪了，你的 3 年规划是怎样的？

⑤ 你的销售风格和偏好是什么？（她说自己喜欢大、长、稳，类似加盟的单子，而我说过这个公司是大单小单都要做的）

⑥ 假设我是你带的新人，今天我入职，你可以教我什么？

⑦ 对你最有帮助的工作经历是什么？

⑧ 你在初创公司做过吗？

面试下来，我整体的感受是：

① 她有 K12 校长资源和英语优势，但是对她面试的体育赛道的新公司没有任何帮助。

② 没有底层能力沉淀。

③ 思考和总结能力差，表达能力也一般。

④ 缺乏规划。

⑤ 经不起压力，遇到难题马上就慌了。

当时我是很感慨的，不会工作，不会梳理真正的销售方法，做了快 10 年也只是新人销售的素质。

那究竟要如何在销售这件事情上（可迁移到任何职业训练上）形成自己的体系呢？教给大家一套最简单且很落地的梳理方法，也就是实战 + 沉淀的梳理方法。

① 先建立三个文件夹，分别命名为行业专业、销售专业和产品专业，在之后的工作中不断往里填充你得到的知识、信息和内容。这个动作非常重要，

你要成为什么领域的专家，就先为这个领域建立一个文件夹。

因为行业和产品方面积累的更多是知识，会在换工作时发生更迭，所以我们重点来看一下如何将销售经验转化为底层能力，进而达到销售专业，以下分享非常有帮助的梳理方法。

②在"销售专业"文件夹内，梳理出自己在工作中每天反复做的事情，比如写报价方案、发朋友圈、跟进客户、参加客户视频会议、打陌生电话，然后按照前后顺序列出来。比如，陌生电话—加上客户微信—破冰和自我介绍—研究客户需求—日常发朋友圈影响—客户视频会议讲解—跟进—签订合同—催款—服务—转介绍。

③找出最核心的、会影响结果的动作，我称之为"关键销售动作"，比如SaaS销售就是试用和演示，房产销售就是带看房子，财富经理就是见面谈方案。这些动作在整个销售流程中非常重要，如果没有做或者没有做好，基本不可能实现成交，但做好了也不是绝对能成交。所以属于必须做好的环节。

④把自己之前学习到的关于第1点和第2点所列环节的知识，包括日常公司培训的内容，自己付费报名的课程知识都放进去，按照你的工作环节和步骤梳理好。

⑤试着按照你的逻辑去与团队伙伴分享，然后在分享中不断优化。这是费曼学习法，也就是输出学习法。人只有对外讲述的时候，才会要求自己有序、有逻辑地表达，这是结构化梳理最重要的一步。

在这里我强调一个思维，就是**把自己的职业能力当作一棵树，你要先为自己找到树干，慢慢添加枝丫**。以上的销售经验沉淀为方法论的经验，就是这个逻辑。

三个文件夹的分类，就是一个树干的形成。而在销售专业上，按流程＋关键销售动作，就形成了销售专业上的枝干。

这个方法让我在销售、品牌、市场等商业变现能力上，形成了一个让我特别有成就感且能帮助别人的大树知识体系。

你学会了吗？马上用起来吧！

## 3. 系统性思维：没有必赢的单个绝招和走法

善弈者通盘无妙手，讲的是在棋局的对决中，赢的一方绝对不是靠某个绝妙的棋子，而是靠每个棋子之间的布局，步步为营，才能赢得比赛。

你是不是曾经也非常关注自己解决不了的局部问题，心里一直想：这个决策者我怎么搞定？我怎么把客户会议开好？以为开好一个会就能搞定这个单子。这样思考本身就是就"头痛医头，脚痛医脚"的错误思路。

厉害的销售都有系统性思维，知道是一系列的动作共同促成了客户的认可。你可能因为一个重大错误而失去单子，但是不会因为某一两个动作做得很好而百分之百成交，客户的信任和选择都是叠加出来的结果。明白了这个道理的销售，就会敬畏自己的每一个动作。

有经验的销售都会意识到，对 A 客户而言非常棒的方法，用到了 B 客户身上就不一定能实现成交，或者老师教的很牛的方法也不一定都通用，这是为什么呢？

销售是一门实战技术，在客户不确定、市场不确定的情况下，我们唯一能做的就是通过扎实的基本功，来增加确定性，提高成功的概率。

怎么增加确定性？我们要先拆解一下会影响结果的所有要素。

对我的成长非常有帮助的是一种思维方式，我称它为规律思维。有趣的是，当我找到了更多的事物的规律后，我发现规律之间居然也有共性，仿佛理解了万物同源的意思。

每当我第一次做一件事情的时候，都很希望自己能弄明白我在做什么、为什么做。

当我再做第二次、第三次的时候，我总是在琢磨哪里有可以优化的地方，所以我会尝试更加高效的方法。

当我做到第十次的时候，一定已经总结出一套方法论和底层逻辑分析，并想把它们分享出去，让我的团队和朋友受益，同时解放自己，继续去突破更难的事情。（以上数字是虚指，实际次数根据不同事务的难度而有所不同）

正是这种规律思维，让我持续处于迭代和突破中。这种可以复制的规律绝对是一套系统，而不是碎片化的信息。

所有高手都会有一套自己的逻辑系统支撑着他的发挥，虽然他并不一定已经总结出来。

# 可复制的销售三大能力模块

一个销售能做好，一定要实现销售专业、行业专业和产品专业，这些是把一个销售高手拆成可以复制的三大能力模块，是销售高手的能力系统。

## 1. 行业专业：怎么最快成为客户最爱的行业专家

行业专业指的是对于行业生态的了解，对行业里的从业机构、上下游关系和行业术语等的熟悉和理解，这样客户在说行业问题的时候，你可以立即明白他的需求或者痛点，也能给他带去有效的信息。

如果一个销售不懂行业，就听不懂客户的问题，也没法了解客户之间的关系，更没法找到客户的痛点，延伸他的需求。

怎样快速成为行业专家？我给大家整理了几个最有效的做法。

（1）做客户分类：形成清晰的客户画像

客户分类最快的方法就是研究所有的客户，寻找共性，划分类别。比如，我的客户是律所，那在我眼里律所可以分为几种类型。

（2）熟记行业典型客户和案例：通过案例看需求和痛点

这也是我们和客户对话的基础和底气，至少有的聊。我们做任何服务要么帮别人变得更好，比如帮客户提高收入，降低成本，强健身体，所以我们得知道什么样的客户会有什么样的目标；要么帮别人解决问题，比如减肥、解决税务问题，所以我们也要知道在什么阶段、什么类型的客户会有什么问题。

（3）积累基础的专业术语

可以梳理高频出现的术语，做到能用、能理解、能表达。

（4）从全行业去了解客户的需求

从客户角度：客户所处行业的上、中、下游的企业有哪些？行业的利益链条是怎样的？

从竞品角度：有哪些竞品？它们为什么存在？差异在哪里？

除了上述几种方法，日常实践中还可以如何学习成为行业专家？

① 出去一次，就要记录、复盘一次，每天总结一下你今天学到了什么。

② 向客户学习，记录客户的故事，总结客户的业务是怎么做起来的，产品怎么卖，会遇到什么问题，等等。作为销售管理者，还要注意沉淀用户故事和行业观察，并解读给团队听。另外，非常建议梳理可以提供给客户的各种工具和信息的行业文件夹，我的电脑里就常年放着为行业客户整理的各个维度的知识、经验、手册。

③ 关注行业公众号和各类媒体账号，看哪些问题受欢迎，为什么受欢迎。

④ 不懂一定要多问，可以问身边的任何人。

⑤ 聚集一群行业内的人交流、学习，定期为他们组织一些分享；采访一些优秀客户，帮他们讲故事，讲他们的故事。

最后，行业专业一定要依靠时间积累，不能速成。一般从业几年才可以真正地理解行业进而成为能帮助客户的"专家"。


## 2. 产品专业：在产品上，绝对不能被问倒

产品专业，是指你必须是你负责的产品和服务的专家，对于你为客户提供的产品/服务，能做到客户问不倒，而且自己很清楚产品的定位和差异化，也知道为什么定这个价格，怎样解决客户的需求。

成为产品专家就是要下苦功夫，比如我会对每个产品的设计细节做挖掘，和产品经理对话。我在保险行业见过一种特别的"玩法"，就是有些经理走的路线就是，把所有保险的理赔条款研究个透，然后成为这部分的专家，对于理赔问题很敏感的客户，就会首选这种保险顾问。

不论是行业专业还是产品专业，都会因为我们换行业或公司而需要不断学习更新。但是销售专业，是不限行业、不限产品的底层能力。

## 3. 销售专业：销售真正的底气是不限产品和行业的销售能力

销售专业，指的是你能有一套过硬的销售基本功，能够独立成交，并且客户的满意度是高的，这是销售最大的底气和最核心的能力。这个是指销售流程中所有确定性的环节要做好，包括怎么分析产品差异性、研究客户、自我介绍，如何尽调需求，怎么保持跟进，等等。

你应该在身边看到过这样的情况：之前做得还不错的销售，甚至做到了销售主管，但因为行业变化或生活变化，换了一个赛道、一种产品，业绩就起不来了。你是这样的吗？

大家可以问一下自己，过去多年辉煌的经历，是让你学会了卖一种东西，还是真的学会了销售的本事。因为如果学会了销售，应该是不在乎卖什么以及怎么卖的。什么都会卖的才是真的好销售，他们到哪里都能创造出好的业绩。所以，如果你只会卖 A，不会卖 B，就要注意了，大概率是还没有形成销售专业。

我记得"双减"政策刚开始，有一个教培行业的销售找到我，给我发了一段话，让我很有感触，我也希望在此提醒一下大家"惯性"的危害。给我留言的姑娘是一个做了 7 年的销售冠军，她说自己过去 7 年是销售冠军，做得比较舒服，突然形势发生变化，她就慌了，因为之前她从来没有想过要换行业，更没有在舒适的时候选择突破，去锻炼自己的销售管理能力，现在就非常被动，所以想来和我学习基本功，帮助她更好地跨行。

所以希望大家要在比较舒服的时候，学会居安思危，不要让自己太舒服。当你觉得一切尽在掌握的时候，那是因为你的速度不够快。特别是女性，我建议在职场前几年打好基础后，尽快突破自己，成为管理者，尤其是 30 岁以后精力下降，纯拼体力是一件性价比很低的事情。

除此之外，最重要的是能力，能力就是底气，修炼好基本功，到哪里都抢手，即使换了赛道。

# 狠练销售基本功，是成为高手的最快方法

## 1. 高手是如何炼成的

为什么厉害的销售那么厉害？他们的秘诀是什么？后来我在很多体育训练和武术纪录片及电影中找到了答案。

高手是如何炼成的？

做成一个项目，谈成一个客户，就是一场商业实战的胜利，这种胜利是靠花式技巧和话术吗？不是的，如果你遇到一个销售难题，就想通过一个小技巧解决，就像电影《功夫梦》中想靠花拳绣腿赢得比赛的外国孩子。

但是成龙怎么训练他的？让他练了 1000 多次脱外套。孩子不懂为什么，感到不耐烦。其实，这是武术中的基本功。高手正是在大量乏味的重复中夯实了自己的基本功，以不变应万变。

再看看大家都在致敬、缅怀的篮球运动员，也是我最喜欢的篮球运动员——科比。大家可能知道科比每天凌晨 4 点开始训练，日日如此，他说，你要尽可能多地训练。

但是大家可能忽略了一点，科比只是勤奋吗？他每天在大量训练什么？如果只是勤奋，每天换着内容训练，会成就科比的强大吗？事实是，他作为一名明星运动员，每天坚持的还是训练投篮、运球这样的基本功。

李小龙说过，我不怕懂一万种腿法的人，我怕把一种腿法练一万遍的人。

懂一万种腿法的人,是不断追求"学"的新鲜感,受不了"习"的枯燥感。把一种腿法练一万遍的人,是不追求"学"的新鲜感,并且能够忍受"习"的枯燥感。成大事者,能够忍受"习"的枯燥感,因此拥有纯正的心性非常重要。

其实到了中后期,帮你渡到彼岸的,是你的心性。你的心性越纯正,越不容易阴沟翻船,越能够到达彼岸。

所以,真正厉害的销售都是长期主义者,都敬畏自己的基本功。

## 2. 什么是销售基本功

在销售三大专业里,产品专业相对来说最简单。销售很少一辈子只卖一种产品,所以在换新产品、新公司、新行业的时候,首要的一定是快速学习产品知识。所以你只要有一定的学习能力,且足够勤奋,成为产品专家,并不难。

实现行业专业,是最有价值且最需要时间沉淀的一部分,我相信大家也很容易理解,我们能对一个行业产生洞察,并且能做到辅导客户,一定是要见过足够多的客户、辅导了足够多的客户并且有全局观才行。

产品专业和行业专业都会随着我们在的行业、做的业务发生变化。作为销售,最核心的竞争力其实就是不变的销售专业,我把这部分总结成了顶尖销售的基本功。

大家对基本功这个概念并不陌生。在 2019 年我最大的感触就是人生重要的事情其实不多,做好一件事的方法其实也不难,这个方法的核心就是基本功,能理解这件事情就掌握了人生大智慧。举个例子,要有好皮肤的基本功,只要做好三件事——清洁、补水和防晒;要装修好一个家的基本功是做好地板、墙面等基础装修、把握好软装主色调,一个比较有品位的家就出来了。

这个思维也快速融入了我当时的工作。从 2019 年开始,做了几年销售的我开始大量带一线销售,一共陆陆续续做了 50 多期内部销售培训,《顶尖销售的 18 大基本功》的原型就是这 50 多次我带团队的销售内训,后来又经过多次打磨，变成了各大行业通用的底层、落地的销售实战体系。

为什么我要做这样的系列课程？实际上确实有我自己的初心，这里有三个跟我自己紧密相关的故事。

第一个故事是发生在我的前同事身上，刚开始我们在公司都属于 Top 级别的销售。后来就开始分成不同的产品线和不同的区域。早期他在某一个领域、某一条产品上发挥得非常好，成绩一直遥遥领先。但是后来很奇怪的现象发生了，他换了一条产品线，换了一个区域，业绩就迅速下滑，并且再也没有起来。

后来我成了管理者，他还在另外一条产品线做一线销售。有一次，我去辅导他。在辅导的时候我真的感到非常惊讶，我发现他跟客户的沟通和聊天简直就是一个新人或者是说没有被系统培养过、毫无基本功的销售水平，可是他已经做了三年，且之前成绩非常耀眼。那为什么之前他的成绩很好？可能是基于他对某个区域的熟悉度，或者这个市场有一种势能，又或者当时他的管理者给了他非常多的帮助，才成就了他那时的业绩，但是换了一个区域，换了一条产品线，他的业绩就不太行了。

我不知道各位是否有这样的感受，自己曾经在某个领域的销售做得还是很出色的，但换了一个领域就不行了。那个时候我就在想，究竟是什么让不同的销售拉开了差距。后来我明白了，这个答案就是基本功。

第二个故事是我自己成为管理者后，开始在不同的公司做招聘。在招聘的时候，我发现销售之间真正的差距是什么呢？同样是有销售冠军经验的应聘者，那些会总结方法论，有一套自己的逻辑体系，能够讲清楚自己为什么厉害，厉害在哪里，自己的销售流程是什么样的，在销售中必须遵循的习惯是什么的人，真的入职后，也一般都非常出色，有很不错的成绩，但是这种人凤毛麟角。

所以这让我再一次有了一个认知，就是高手之间的差距究竟是什么呢？高手之间的差距并不是他有高学历或者有多么神奇的特异技能，只是因为他有一套自己的方法论，而且他的基本功非常扎实。

第三个故事是我开始在自媒体上分享我的思考和方法论，我用"雪梨卷 –FitShirley"为账号名在一些平台上做一些输出，包括小红书、B 站、知乎、抖音还有视频号、公众号等平台，大家看到了我很多的观点，然后就会有很多粉丝跟我互动。我发现大家实际上都非常认同一点，就是销售的基本功很重要。

我有一段时间发了一个帖子《为何销售要苦练基本功》，一下子就获得了非常多的赞和评论。但是居然有非常多的人不知道销售基本功是什么，什么能称得上是销售的基本功。所以我把自己擅长的和我这些年总结下来的很多好的销售基本功梳理出来，就成为真真切切能够帮助各个行业、各个层级的销售的一套课程体系。

如果你是刚入门的销售，那么恭喜你，因为你如果现在就学会这套基本功，你未来的天花板会很高，你会走得很踏实。如果你是工作了几年的销售，但业绩还是很普通，没有找到突破口的话，也恭喜你，因为你在这里会找到答案。如果你已经是高手了，但是你的业绩并不稳定，并不是持续地好，究竟哪里不好，你也可以在这里找到答案。如果你是管理者，是一个天才型的销售，靠天赋坐到了主管的位置，但你不知道如何去培养你的团队，你也能在这里获得一套方法论去教给你的团队。

有的时候，我们最怕的是我们说不出自己在一件事上为什么成功。不知道为什么成功就不会一直成功，在失败的事上就一定会继续失败。所以基础的方法论、基础的功底，可以告诉你为什么这件事你能做成，那件事做不成。

我相信你可能会有疑问，行业不同，业务模式不同，真的有通用的基本功吗？2C、2B 和 2G 不是很不一样吗？是的，我之所以可以这么笃定，一方面是因为在写书前，我有 2000 多个学员，他们来自 100 多个行业，做各类型的业务，他们都反馈销售基本功真的帮助很大。另一方面是基于我从底层逻辑进行的分析，不论什么行业，销售的客户都是人，所以销售解决的都是人性的问题。所有行业、所有产品的销售，本质上就是要解决人的信任、满足需求的问题。所以销售基本功应该紧紧围绕人和人性展开，包括怎么获取信任，怎么让客户最快地了解你的产品价值，怎么让客户回复你，怎么报价，怎么让客户愉快地成交，等等。

任何一次合作，我们都要经历研究客户、破冰、建立信任、尽调需求、提供解决方案、清除合作障碍、合作并超出期待的过程。这些每次出手必经的动作，就是销售的基本功。

**卖什么产品或服务其实不是最重要的，因为我们提供的始终是帮客户解决问题或者达到目标的方法，进而是代表着方法的产品或者服务。**

学员们都说，销售本来是很没有安全感的工作，现在有了基本功，就觉得特别有底气和安全感。所以它适合每一个想做好销售的人，适合每一个长期主义者。我希望大家能成为拥有最强确定性的人，这样的人才是最有底气和安全感的，不论外界如何变化，即使市场不可控、客户不可控，但是你很扎实，结果就是可控的。

作为销售如何训练和内化训练内容呢？每一次实战都是一次训练，记得训练的是你的基本功。

记住，不要在你的主业上做一个业余选手。


## 3. 刻意练习销售的 18 大基本功

你可能好奇，为什么是 18 大基本功？包括哪些基本功？基本功再简单一点来说，就是将销售高手最核心的方法梳理出来后，让你拥有了高手的习惯，就是成为高手最快的方法。让我来带你快速领略一遍要点吧，也十分欢迎你来做我的学员，让我亲自带你。希望已经是我的学员的伙伴们，看到这部分，能对课程有更深刻的掌握。

（1）销售基本功的框架思路

虽然叫 18 大基本功，其实课程分为三大模块，并且我还在持续迭代中。

第一个模块是解决销售日常可复制的流程，做过销售的一定能很理解这个流程的精髓：初次和客户沟通要会高效识人；向客户进行自我介绍，背书并破冰；充分研究客户需求；提前做好福利布局；通过好的表达让客户高效成交；初次没有成交的就要后续花式跟进；到了付款环节如何把款催得舒舒服服；在服务中如何通过客户内外的关系分析加速成交。

基本功 1　高效识人：不同的购买动机用不同的销售方法。我用最落地的心理学方法让销售快速识别客户购买动机，然后对症下药，而不是 100 个客户都用一个方法，否则失败率绝对很高。

基本功 2　赢在起步：你没有想过这样做自我介绍。我用一套最好用、最符合人性需求的自我介绍方法，让销售在开始就能破冰和做好个人背书，建立信任永远是销售的第一步。

基本功 3　好奇尽调：成交率提高的真正秘诀。引入法律中的尽调理念，教销售如何有效地研究客户，要研究什么要素，怎么研究。了解客户需求和背景永远是销售的第一要务。

基本功 4　福利布局：销售高手的核心秘诀＋案例深度解读。人就想要更好更快更多，销售高手如何炼成？他们总会做福利的布局工作，让人无法拒绝。

基本功 5　假定成交：抓住最佳成交时机的话术设计。授人以鱼不如授人以渔，我不支持销售背话术，把话术核心的底层精髓教给大家，举一反三才能应对各种销售场景。

基本功 6　坚持跟进：花式跟进大法让跟进更轻松。销售最头疼的是客户不再理你了，要如何有效跟进，并让客户愿意回复你，我创造了体验良好的花式跟进方法。大家都直呼好用。

基本功 7　报价时刻：什么时候报价与如何报价。报价非常看重时机和报价的方法，其中有一些核心原则，你必须知行合一地践行，才能在最佳时机摘下胜利的果实。

基本功 8　如何催款：排除付款障碍，催款又快又舒服。销售都求落袋为安，如果钱没有入账，那单子都还是飘在半空中的，学会催款才会在保证客户体验的同时做到使命必达。

基本功 9　关系思维：三种关系和几类延伸妙用。我们不仅要懂得分析与客户相关的各种关系，还要擅长用好这些关系，为更快更好成交加速或者加码，特别在 2B 业务中这是最核心的。

第二个模块是销售的核心能力，即销售沟通能力。不论什么类型的销售，都是通过沟通来实现成交的，但是销售的沟通是需要很多关键技术的。第一要表达得高效且有说服力，因为客户需要干练的服务者；第二要进行有结果的沟通，所以就需要有好的控制力。在盖洛普优势分析中，沟通是我非常靠前的优势，我对自己的天赋进行了多年训练，形成了一套特别适合销售的沟通体系，我分成了沟通的底层方法、高效沟通、控制力沟通、销售的提问能力，一共四节分享给大家。

基本功 10—12　沟通基本功：拆解沟通的本质、学会高效的沟通方法和学会销售必会的控制力销售。这里我只用了三节，把销售高手的沟通方法讲得足够落地，用起来绝对感觉很舒畅。

基本功 13　销售高手的提问方法：提问是更高难度的沟通，提问是销售发现客户需求、挖掘需求和深化需求的关键技术。但是，怎么问，问什么？我专门梳理了一套体系。

第三个模块是销售的日常时间应该干什么？除了跟进客户的全套流程方法，销售还需要花很多时间精进自己、获得客户、孵化客户。这些是让销售的时间、精力真正投入到有价值的日常事务里的方法。

基本功 14　持续影响：影响力高手的朋友圈打造精髓。销售是持续影响他人的工作，我讲的不仅是朋友圈，也是销售打造个人品牌最核心的内容逻辑。影响力也是销售的核心能力。

基本功 15　销售流程：偷懒就要重走一遍的经典流程。销售是一件系统性的事情，不仅是系统，还要摆好前后顺序，顺序错了，成交率也会大大下降。

基本功 16　销售异议：危才是真正的机，重解异议。面对客户异议和信任危机要如何积极破解？我用案例和底层逻辑教给大家真正有效的客户危机解决方法，让销售学会转危为机，和客户之间创造更深的信任。

基本功 17　出钱出力：如何获得更多的转介绍和付费升级？老客户带来的续费和转介在很多业务中能占比 50%，怎么做好客户维护，让客户为你出"钱"，即更多的复购和升级消费，或者出力，即更多的转介绍。

基本功 18　销售工具：你有这样的工具包和数据表吗？工具能大大提高效率，知识管理能大大提升价值感，销售要如何管理好自己的数据资产，让数据为你生财？

由于销售是一种技能，我本来考虑过这本书就写基本功，但图书无法快速跟进我的对基本功体系的持续迭代升级，多次尝试始终很难靠文字表达出基本功要怎么去内化，所以我带大家内化不是仅仅听课而已，还经常带着大家解读案例、做一些讨论，包括思维的反复影响，并帮助大家落地和养成习惯，所以本书最终定位既是一本独立的思维启发和工具书，又是我的学员学习基本功的补充学习用书。

我也想和大家分享一下，我的这套基本功在我过去 6 年的成长实践里是怎么形成的。核心方法就是：每天不断地复盘、系统地学习、不断地输出、不断地迭代。

回到大家的常见困惑：销售成绩怎么提高？怎么把稳定性做得更好？其实就是把这三大专业都修炼到位，基本功越扎实，你的业绩越能掌控在自己手里。我的学员在学习之后，业绩多则实现了 500% 的增长，少则实现了 30% 的增长。不论多少，他们都说觉得做销售更有安全感和底气了。基本功就是地基和加速器，这个思维对各种工作和人生思考都会有帮助的。

（2）怎么学习基本功的效果最好

很多人在知识付费中会遇到这样的困境：老师的课程好，自己也很认真学，但是就是不能知行合一，所以我也分享一下我看到的各种反面学习方法和正确的学习案例，适用于各种体系的学习，不限于销售，更不限于 18 大基本功。

知识首先分为碎片化的知识和体系化的知识两类，大家日常在各种自媒体上看到的多数为碎片化的知识，付费得到的大部分是体系化的知识。所以，一个非常重要的方法是：避免用碎片化的时间精力学习系统化的课程。

比如我在课程服务中，会提醒学员杜绝完全错误的学法，就是不要在碎片化、不专注、无法思考的时候学习，包括但是不限于：

① 在工作的时候听听停停，在开车、洗澡或做其他事情的时候，分神听课，完全没有沉下心来。

② 跳着学，完全没有理解体系的前后逻辑关系，导致没有掌握关键的流程精髓。

③ 第一遍学习就想精益求精，结果就卡住了，迟迟无法往下学习。

④ 只听课，却从不做梳理和联想，进而没有吸收和落地。

我还会给大家梳理一套最佳的学习建议，因为基本功的一大魅力和秘诀就是它的体系化和背后的环环相扣。学习技能，特别是这种非常底层的技能，这点尤为重要。一般我的建议如下：

第一轮学习要以最快的速度过一遍（2—3 天最优，一周内次之，但绝对不能超过一个月），因为这轮最重要的是厘清销售的思维框架和体系，所以这轮学习不用也不应该太细，卡住了就很慢，容易第一遍就很拖沓，导致整个进程都无法推进。

第二轮的关键是梳理输出笔记＋落地应用。一线销售的输出法包括细致做笔记或者用思维导图呈现，这个必须自己亲自来做。做笔记是形式，自我梳理一遍输出是本质。如果你是管理者进行输出分享，就应该将自己的案例套入课程框架中，梳理成你们最适合的体系，分享从课程中吸收的点给同事、下属、家人。输出能推动自己讲清楚方法和底层落地，应用得更自如。

第二个落地应用的方法就是马上用，比如按照第一节课改一份自己的自我介绍，以后见客户都要用心地做个自我介绍和破冰；又如按照第二节课梳理自己的客户必问清单，在日常和客户沟通过程中坚持对客户保持好奇和提问。

第三轮和之后的轮次主要是要挑选吸收不好的单课反复听。

当然，高手在民间，有很多学员的学习方法我都觉得很精彩，我们先来看看2B的销售是怎么落地的，以广告行业的学员为例。

Chris（克里斯）在国内某大厂工作，是一个有销售天赋但是发挥比较不稳定的销冠，在认识我的时候正处于低谷期，她非常喜欢研究我在课程中提供的案例，她说："卷卷的课程让我一下子对销售的体系化认识清晰了起来，很多章节听着会有惊喜的顿悟时刻，'啊，原来这个是福利布局！'有时候自己也会用到的一些招，在卷卷的课程里都被梳理详尽了，以至于一直听着停不下来，瞬间就像孤单的战士多了一颗定心丸，或者说突然遇到了个大师，给了自己一本'武林秘籍'。我悄悄告诉自己，即使现在暂时没有好的结果也没关系，或许是老天让我安静下来蓄力。"

在她调整了心态后，成绩确实有了非常显著的提升。她的做法是这样的：先将当时自己遇到的客户问题和所在的阶段都分类分级地梳理了出来，然后在解决问题之前，把那堂课再单独拎出来过一遍，心里有谱，再开始实践。而且她非常喜欢研究我的案例，能够很好地迁移到自己的案例中去。

她是一个知识管理达人，经常在周末会用半天到一天的时间待在咖啡厅里学习，并且梳理了非常清晰的课程学习笔记的照片。此外，她也擅长将我的体系和自己的实践案例结合起来，变成自己的体系，在一些内部分享中输出，分享给同事们。

我们再来看一下一个做金融行业的机构顾问 QY 是如何通过应用 18 大基本功将业绩提升了 554% 的。她是怎么学习的呢？

QY 是 2021 年国庆节假期报名我的课程的，在假期里连续学了几天，在节后马上用上了课程中所讲的方法，在 2021 第四季度实现绩效达成率 554%。我请她做学员分享的时候是 2022 年第一季度刚过半，春节后不久，她在放了一个春节假期的情况下实现绩效达成率 124%，也就是说第一季度业绩考核提前很久就已经完成了，她说："我有信心在后续业务推动中达成率超过 500%，而且应该也会有晋升的机会。"

当她和我分享她是如何将课程中的方法落地的时候，最让我佩服的是她让人格分类助力自己每天的拜访工作。她听课后，第一时间把自己负责的所有渠道中的关键决策人和财务经理列在 Excel 表格里，根据自己的印象，先去判断他们的人格和记录一些偏好特质，然后不断根据新的接触做调整。当需要去做新的业务推广时，她的策略是第一天去拜访同一组群客户（在我的课程中不同组群客户的关注重点和喜欢的表达风格是不同的，因为销售要调整他们的沟通表达策略以及配套工具），见第一个客户的时候她就能根据对方的反应判断这样的表达是不是对方喜欢的，然后一天见 5 个客户下来，她就能找到表达的规律，如果刚开始方式不对，也能在见第二个或第三个客户时找到合适的方法。如果刚开始很合适，一天效果都会很好。第二天她再去见 5 个另一种人格的同类客户，根据不同的合作动机找到适合的沟通节奏，帮助自己把信息传递和工作做得特别好。

此外，她还强调对渠道对接人尽调，就是金融行业经常讲的 KYC（Know

Your Customer，了解你的客户），她做了很多细致的研究，也做了客户资料管理，这些有细节的信息管理，对客户的持续维护帮助特别大。

那管理者怎么落地效果最好呢？除了作为输出来培训自己的团队，很多学员非常突出。先分享一个学习课程后获得了 500% 的业绩增长的学员 TY，她是留学和海外置业投资的服务品牌的创始人。她是如何学习的呢？我觉得方法很值得参考。

TY 是海外留学和置业品牌的创始人，作为服务型公司的创始人，她深切感受到销售团队组建和培养需要费心费力。她非常好地把课程所学赋能给团队的模范，将课程的内容，结合自己的业务，做成了自己的 SOP（标准业务流程），她说这么做的初衷有三个：

第一，让新人快速上手，普通销售拿到这个工具起码能做到 60 分、70 分，优秀的销售拿到这个工具就能发挥到 80 分、90 分，甚至 100 分；第二，为了加强组织能力，防止人员流失带来的业绩下滑，如果说业绩仅依靠个别优秀销售的个人经验和能力，那么他们离职带来的风险是很大的；第三，他们团队做过 18 大基本功的培训，但是怎么保证每个销售都不折不扣地在每个案子里执行呢？就是让课程中所讲的销售流程变成他们自己的标准流程，让团队知道在每个阶段该做哪些动作，需要用到什么工具以及标准话术。

能够给团队做标准流程的前提是 TY 自己在创业初期也是一线销售，亲自聊过一两百个家长，深知市场的需求和客户的痛点在哪里，所以销售 SOP 必须由既懂业务销售基本功又扎实的销售管理者来做，或者管理者可以和销冠一起来完成。

根据他们的业务特质，TY 将 SOP 按阶段分为"签约前""签约""学校申请"以及"签证申请"。签约前，又分为"自我及公司背书""话天地""好奇尽调""解决方案"和"排除障碍"。

举个例子。在"好奇尽调"这个板块，第一步是发送调查问卷，收集基本信息，用到的工具是他们的服务号，标准话术是"不好意思，因为最近是申请旺季，咨询的家长较多，为了更精准地为您推荐学校，解答疑惑，麻烦你关注一下我们的公众号，花半分钟时间填一下调查问卷，我们收到后会第一时间给您提供咨询哦"。

一段时间后，TY 说他们的业务增长了 500%，我自然是非常高兴的，也赞叹她真的很会学习。

那线下门店也可以这么做吗？以下是一家美容机构的店长橙子的学习方法。

这位学员是一个新晋管理者，被分配到一个情况比较差的门店，在她去之前一个月收入不到 6 万元，她到岗的第二个月，月初 3 天就完成了 7 万元，整个月下来业绩翻了好多倍，她其实也是将 18 大基本功因地制宜地融入了自己的流程里。主要做了以下几个动作：

1. 她在学习的时候，把所有的课程做了手写笔记和电子笔记，方便自己复习。她自己先将九型人格背下来，再输出给团队员工，培训后有考核，也要求员工背下来，并在手机里将服务过的顾客，都备注上九型人格的类型，方便未来更好地服务客户。

2. 给员工培训了背调的重要性，说明哪些信息是必须知道的。然后做了两张表，第一张是顾客背调表，要求员工将之前的记忆整理出来填写上去，完善了客户的信息档案。第二张是顾客服务备注表，每次美容师服务后，都要填写顾客喜欢什么样的服务，以及个人有哪些明显或者潜在的需求，对应是否有铺垫项目情况。

3. 将重要的价值传递的点做了升级和标准化，比如将公司的优势、创始人背景、美容师自我介绍相结合，编辑出具体介绍话术，要求员工背下来。

4. 重新梳理顾客服务的全流程：顾客背调—确认需求—为公司背书—美容师自我背书—产品品牌背书—确认效果—福利布局—简化流程—增加紧迫感—确认成交。

5. 调整关键卡点：她说到店之后，做的第一步是梳理数据，发现成交率只有 23%，定位到原因是之前会员卡的种类虽然多，但金额能从 10 万元降到 3000 元，客户接受不了高的，就介绍低的，这样会让客户感觉非常不好，且没有定制感。或者顾客满意服务，但是卡项过多，顾客很纠结，延长决策时间，最终决定回去考虑，而回家之后直接跑单。所以她做了个关键动作就是重新制定卡项，体验不同项目的，就推荐不同卡项，但每个项目只推荐两种卡。包装福利，体现定制感和优惠感，而且清晰明了，现在顾客决策都很快。

所以不论 2B 还是 2C，是一线销售还是管理者，只要学习方法正确，都能让基本功发挥非常好的作用。如果大家想看更多案例，了解卷卷的更多持续的分享，或者想学习 18 大基本功，都可以关注微信公众号雪梨卷 –FitShirley。当然，这个方法你还可以直接链接到我，期待和你一起成长和交流。

第三章

# 一切的抓手：目标是个好东西

# 为何需要做目标管理

我是个很推崇目标管理的人，因为我觉得目标是特别好的东西。任何事情的评价体系，都需要标准，这个标准能够让我们公平、有效且清晰地进行衡量和判断，能帮我们有效地做很多决策。

相信你也听过：要向那些有结果的人学习，因为结果不会撒谎。销售之所以必须要做自己的目标感训练，因为销售就是拿结果说话的职业。有结果的，一定是聚焦于目标且过程是经过考验的。为什么聚焦非常重要？这个时代信息爆炸，我们稍一不注意，就有大量的无效信息和无意义的人、事、物抢夺你的注意力，然后我们很可能会忙忙碌碌，一事无成。

敬畏目标，关注目标，让目标成为我们时间、精力和口碑最重要的抓手，不仅可以让我们获得内心的满足和安定感，也会获得世俗意义上的成功，而且赚钱其实只是你拿到的结果的副产品。

在2021年，我组织了一个社群，这个社群有一个特别有价值的动作，就是在年初我们每个人一起定自己的年度关键词和目标。2021年我的关键词是掌控力，因为那是我30岁来临前的焦虑年，很多女性都在马上30岁的年纪陷入莫名的焦虑，有人焦虑皮肤会下垂松弛美丽不在，我的焦虑是怕失去了对生活的掌控权，怕做了妈妈、增加了各种社会角色和暂别职场带来各种失控，所以在"掌控力"的目标下，我把全年的时间精力花在了三件事情上：销售管理能力（那时候我还是企业高管，核心命题是通过带团队给企业带来更多创收，同时训练自己的销售管理能力）、影响力打造和注重健康。

这个关键词和时间分配逻辑，让我聚焦。我们每个月的最后一天，都要在这个社群里复盘自己本月的时间、精力等是否用在了目标上，是否完成了目标。

在这个过程中，我有几个观察和思考：

（1）人生中低谷和不顺是常态

在这短短一年内，因为和群友有比较多的交流，深切感知到每个人都有自己的不易：有些人面临着婚姻上的难关，有些人面临着职场上很大的卡点和挑战。包括我自己，也在 2021 年 8 月离开上一家公司的时候，因为公司不想支付任何竞业限制补偿金又想用各种方法束缚我的职业选择，搞得十分不好看，自己的状态也很差。所以，短短一年足以看人生，如果人生是一项目标管理，一定是有坎坷不顺的地方。老话说，人生不如意十有八九。

（2）好习惯是最落地的成长法则

在这个社群，成长最快的伙伴，都是在我的分享中真的养成了一些好的日常习惯的伙伴，包括做计划、复盘、做日程规划等，一年时间，就看到了他们可喜的变化。习惯是在充满不确定的生活中，最大的确定性。

我们总会有遇到现实挫折和目标偏离的无力感，这时候向内求，最好的确定性就是你还会早起、阅读、锻炼，好好对待自己的时间，如果大势在倒退，你前进的脚步至少能让你留在原地，而且大概率会让你走在前面。基本功扎实，其实就是因为习惯很好。所以目标管理最好的方法是建立系统，拥有一系列的好习惯这个观点和《我的人生样样稀松照样赢》（*How to Fail at Almost Everything and Still Win Big*）这本书不谋而合。

（3）坚持是最难的事情

在这个社群运营的一年里，让我很感叹的是，最后能坚持每个月在群内做一次复盘的人，不足 30%。

我们大部分人都高估了自己的坚持能力。一个月只要做一次，一次可能只需要 10—30 分钟，而且作为群主，我每个月都会花式督促，在这样简单的条件下，10 个人里，有 7 个人都坚持不了这个如此有价值的事情。我和坚持做了复盘的伙伴都完成甚至超额完成了当年定下的目标，因为我们始终聚焦，并且不断思考精进。

在大部分的自我较量中，只有两个制胜法宝：第一个是去做，第二个是坚持地做。别无其他。很简单，不是吗？但是只有很少人能坚持下来。

# 业绩 = 状态 × 数量 × 转化率 × 转化速度

## 1. 业绩的目标管理原来这样做

销售业绩的过程管理有一个核心法则：业绩＝状态×数量×转化率×转化速度，这就是销售目标管理的核心公式。状态指销售的心态、状态；数量指潜在客户的资源量；转化率＝成功转化／总潜在客户数；转化速度指成交一个客户需要的时间长短。如果你业绩好，原因一定能在这里解释清楚；如果你业绩不好，也一定能在这里找到答案。大家在记下这个公式的时候，务必注意顺序，每个词放置的顺序都是有原因的。

**状态**：必须放在第一位。因为数量、转化率、转化速度只会有0—100的区别，但是状态可能是–100到100。就是当你状态特别差时，自己都是一个没有能量、不相信产品、不积极努力的人，客户数量再多、转化能力再强、转化速度再快，结果也都不会好。这也告诉大家，销售高手还得是管理情绪和状态的高手。

**数量**：主要指的是你的资源量，也就是潜在客户数量。你春天种下的种子越多，秋天可以收获的果实才越多。数量的多少取决于勤奋的程度，越努力才能找到越多的优质资源。

**转化率**：转化率是销售能力的核心代表。销售能力好不等于业绩好，因为还需要好的状态和足够的池子。10个能成交5个和10个能成交2个的转化率有 30% 的差距，所以销售一直要致力于提升的就是自己的转化率，但是除非你极有天赋，否则就需要不断地训练自己。

**转化速度**：这个元素在中小 B 和小 C、大 C 这类可以快也可以慢的单子类型中，会成为非常重要的影响因素。两个同样是 10 个可以成交 2 个客户的、有 20% 转化能力的销售，A 是在一周之内成交 2 单，B 是一个月内成交 2 单，只要保持住，A 的业绩会是 B 的 4 倍。

希望当你觉得目标跟不上的时候，记得回来看看这本书，答案一定在这里：业绩 ＝ 状态 × 数量 × 转化率 × 转化速度。

## 2. 业绩完不成了怎么办

在销售的职业生涯里，任何一个人都会出现业绩不好的时候，业绩不好，你一定要先干这两件事：

◆ 大量地去找和见新的客户。

◆ 努力、主动去拜访老客户。

那具体怎么做呢？

① 实在找不到新客户，先去拜访老客户。为何？因为你不仅可以从老客户那里获得反馈，还可以获得新的客户画像灵感。此外，如果老客户满意，可以获得转介绍，此外还会有一定的续费。

② 如何去见新客户呢？电销的电话量加大，面销的面访增多，大力出奇迹，量大自潇洒。一定要相信勤奋一定有用，要成为客户最终选择的顾问，你就必须比别人努力。你每天就专注于做这个事情，心无旁骛，跟进中的一定要坚持跟进。

如何平衡新老客户分配的时间呢？技巧是可以回访一类老客户，然后去见同类型的新客户。这种熟悉感和客户故事马上就能用起来。

③ 如果因为业绩不好带来的负面情绪还在消耗你，我送你一句话："做情

绪的主人，不要做它的奴隶。"自怨自艾是最差劲的事情，所以请立刻、马上去找老客户，去见新客户，下一个客户永远是最好的。

状态很重要，你可能会问："既然状态不好，为什么不是直接调整状态呢？"因为销售状态好不好，非常需要看业绩，业绩好了状态自然好。那业绩怎么能好？有行动才有结果。所以，行动才是改变业绩不佳、走进正循环的关键。

那转化率呢？转化率不是一两天就能马上变化的，而数量的增加是最简单的，你拜访 10 个客户，成 1 个，哪怕只有 10% 的转化率，拜访 100 个客户就成交 10 个。

接下来，我们说一个特殊时期，就是销售非常敏感的每个月的最后几天，业绩还差怎么办？接下来我也给大家梳理一下可以直接实操的方法。

（1）静下心盘点

具体盘点什么呢？

① 从老客户开始，是否有可能再买或有可能早买。

② 可以催款的，内外通力合作解决。

③ 咨询过、细节都了解，但是一直没有下单的客户。

④ 有意向，但是因为忙一直没详细沟通的客户。

⑤ 没有沟通上的客户再聊一下。

⑥ 可以挖掘的潜在资源。

最可能的是前面 5 种，我不是特别支持最后几天还去挖掘新的客户。

（2）重塑理念和信心

到了这时候，最有效的是调整状态，那么状态究竟怎么调整呢？

自己和团队要通过一些分享唤起对事业的使命感，比如分享对用户的价值和客户案例，又如可以通过一起看激励型电影和团队内部比赛的形式激发起团队和个人不言败的决心。这时管理者非常重要，如果没有，你也可以通过老客户好的反馈来给自己鼓励。

（3）少想多做，能想到办法就行动

目标最后有没有完成不是最重要的，你是否全力以赴了最重要。

# 目标感不强可以怎么改变

## 1. 目标感原来是这样

业绩好的销售基本都有一个特质，就是目标感很强。因为销售是个拿结果说话的职业，不论你付出多少努力，如果没有结果，就等于没有任何产出，这也是销售非常训练人的地方。可以说所有厉害的销售都是目标管理的高手，我个人的目标管理能力也是在做销售中训练出来的。

怎么看一个人目标感是否强？接下来我要开始问问题了，如果你的回答都是"是"，那你就是目标感强的，如果都是"否"，那你的目标感就弱，就要刻意训练了。

◆ 你每天醒来很清楚自己的目标吗？

◆ 你对一天、一周有清晰的安排，并且都是围绕自己的目标安排的吗？

◆ 你能根据自己的计划，拥有较强的行动力吗？

目标感强的本质是会定目标、拆目标并且执行力强。如果上面三个问题的答案都是"否"的话，那你要注意了，应该刻意训练自己的目标管理能力。那怎样训练自己的目标感？其实这也是顶尖销售身上非常好的习惯。接下来跟我做：

（1）每天列出 To Do List（待办事项清单）

注意销售的时间要聚焦花在三件核心事务上：第一件事是跟进和转化直接潜在客户；第二件事是服务老客户和影响潜在客户；第三件事是增加潜在客

户，也即扩大自己的客户资源池。

（2）每天做总结，复盘一天的目标完成度和所思所得

总结自己今天的时间精力投入是否围绕目标，还是做了很多和目标无关的事情。如果目标完成度比较好，一定要肯定和鼓励自己，适当奖励自己。如果与目标相去甚远，就要复盘原因，第二天给自己调整方案。

（3）每天睡前要列出第二天的工作计划

能做好目标管理，你得从心底认可，什么是最贵且有限的：

① 自己的精力是有限的。

② 时间是有限的。

③ 你拿到的客户和各种资源是有限的。

所以，把时间、精力和资源用到自己的目标上，才能拿到好的结果。

你是否经历过一种情况，就是感觉自己忙到起飞，但是业绩还是不好？你可以做一个自我排除，基于目标，你现在忙的事情：

① 是不是必须做？不是的话，就不做。

② 是不是必须现在做？不是的话，就推迟。

③ 是不是必须自己做？不是的话，就安排给别人做。

那些必须做、必须现在做、必须自己来做的就是和你最近的短期目标紧密相关的事。

## 2. 让目标落到你每天的日程里去

我们再来结合销售的业绩拆分方法，教大家如何将自己定下的目标拆解到每一天的工作里去。其实很多人说自己目标感很弱，具体是什么症状呢？要么没有目标，要么不会拆分目标，所以完不成目标。

（1）真的把目标和欲望 / 痛苦结合起来，敬畏目标

这一点非常重要。比如你真的想过好的生活吗？那好的生活具体是要赚

多少钱呢，要计算一下大概的数字。

有动力的目标才是合理的。比如你希望收入达到 1 万元（前提是别虚高，比如你原来就 3000 元，突然就提高到 2 万元是不合理的）。按照公司的薪酬规则，那么你需要一个月做 10 万元的业绩才能拿到。

（2）把数字倒推给业绩，把业绩倒推到行动

我们要想：如何把 10 万元的业绩和日常的时间分配结合起来？

我来手把手教你如何拆分 10 万元的业绩目标。

先回到核心公式：总价＝客单价×客户数。这是一个亘古不变的一个公式。

客单价怎么定呢？

第一种：比如公司只卖一种 5000 元的产品，那你的客单价就是 5000 元。

第二种：比如公司有定价 5000 元、8000 元、2 万元的产品。那你怎么算自己的客单价是多少？因为每个销售风格不太一样，有些人喜欢卖高价产品，有些人喜欢卖低价产品，你可以把过去 3 个月的总价除以 3 个月的总客户数。比如说你之前 3 个月卖了 15 万元，总客户数是 30 个，15 万元除以 30 等于 5000 元。5000 元就是你的平均客单价。10 万元除以 5000 元，你就需要 20 个客户。

那根据这样一个公式怎么推断出你日常的工作要怎么安排呢？我们已经找到第一个目标了，就是成交 20 个客户。还要找到第二个目标，就是需要找到多少潜在客户？

比如，我作为一个销售，我发现之前 3 个月到半年里面我的销售转化率是 20%。怎么算？可以用过去 3 个月到半年的总成交数除以总咨询数。比如，平均给我 10 个客户我会成交两个，这是 20% 的转化率。如果我要搞定 20 个客户，用 20% 的成交率计算的话，我就需要 100 个潜在客户。所以，找到这 100 个潜在客户就成为你的第二个目标。

这两个数字信息都已经很明显了。那大家怎么去完成这些目标呢？就是找到 100 个潜在客户，并成交 20 个，这就是我们日常要做的工作。

第一是获客时间。假设我们是搞直播的，我一天最多能成交 5 个客户，

假如我要坚持做 20 场直播，就能成交 100 个客户。所以大家一定要花时间在获客上，无论是通过打电话拜访还是直播等。

第二是跟进时间。为了这 100 个客户，我需要去跟进，所以我有跟进的时间。

第三是影响时间。有一些客户没跟下来，我就需要影响时间，包括发朋友圈、发文章、发各种专业资料。

第四是成交时间，成交毕竟要合同、发票等各种各样的材料和流程。

第五是服务时间，我们还需要留出一部分时间去服务老客户。

所以其实销售就是花这五类时间，来完成这 20 个客户的最终指标，进而完成 10 万元的业绩目标。

还可以做的是把月度目标拆成周目标。比如一个月有 4 周，平均一周就是成交 5 个客户。但是我建议大家在第一周的时候定的目标高一点，因为月初起势快是很重要的。比如第一周 6 个，最后一周压力小一点，你早点完成目标，你的整个月业绩高度会有更多可能性。

（3）列出每天的任务，严格地去执行

为什么定的目标都完不成呢？比如年初看 200 万元的业绩目标觉得容易，结果到最后可能就完成了 100 万元，自己还觉得不可思议。怎么破？要有目标感、会定实际的目标、会将目标拆解到日常，会在每一天完成一点点。计划赶不上变化，一定要复盘＋调整，比如超额或者落后，要静下心来，马上调整。

### 3. 做黄金人脉圈的梳理

我们过去二三十年积累下来的人脉，大都在微信里，我们先看一下自己微信里好友的数量、类型，这投射出了一件事，就是我们和其他人链接的本事。

我相信大多销售都有以下三种典型的困境：

第一，通讯录上的人很多，杂乱无章。

第二，本末倒置，忽略了最重要的少数关系。

第三，圈子封闭，只和固定领域的人交往，缺乏多样性。

这些问题我自己都经历过，在服务律师的阶段，我的社交圈里95%都是律师。

那么，我们要怎么办？我学习并践行了一段做黄金人脉圈的梳理，很实用，具体怎么标注不是最重要的，重要的是这种梳理思维和方法。我习惯用一个英文单词进行分类。

（1）分类分级

① 置顶圈。

即重点圈，主要是星标朋友，要在应勤加沟通的好友前面加星标。

② 影响圈。

工作搭档：用 A 代表，指在工作中与我们核心互动的关系圈。

黄金人脉：用 B 代表，指自己可以合作的、有影响力的人。

大佬们：用 C 代表，指在我们的人际圈里站 C 位（核心位置）的人，是我们要学习和追随的。

③ 关注圈。

G–Grow 共同成长（同频）：比如认识的同学。

M–Mental 精神共鸣圈：我吸引来的和我特别聊得来的人。

W–Work 工作客户圈。

L–Life 生活社交圈。

F–Friend 亲朋好友。

（2）价值说明

其一，比如我做知识付费，用户核心肯定是 G、M 以及 W 圈的人。

其二，我们的核心时间要和最有购买意向可能的 20% 的人互动，时间在哪里，结果就在哪里。重点人群梳理出来了，多了解他们的朋友圈和动态、真诚留言、为他做一些事情。

其三，你和谁在一起，你就会成为什么样的人。如果你发现你圈里的大咖太少了，要注意实现圈层的跃迁，多靠近厉害的人。付费是最简单的方法。

其四，如果你是独立创业者，做好以下三件事情。

名字：分分秒秒做硬广。比如：卷卷 | 销售基本功。

封面：让你一秒看懂我。比如用清晰、好看、职业的照片＋说明（我是谁、我能为你做什么）。

签名：代表你是谁，你的态度，你的不同。

## 4. 设计你的销售日报模板

做销售每天压力很大又辛苦，老板还要让你交日报、周报，是不是很烦，不想写？

我特别理解你，因为我做新人时也这样，但是自从后来有一次我学会了复盘思维，按照一个新模板写周报日报后，我不仅变得特别爱写周报，而且它也成了我和其他人拉开差距的重要秘诀。其实想法不同，情绪就不同。

为什么我们会觉得烦？一是因为销售每天都要接触大量资源，跟进大量的人，你真的要梳理是很花时间且费心费力的。二是我们认为这是老板在监督管理我们，这个汇报是为了老板写的。但是最关键的是，我们其实是觉得写周报没用，就是为了交差，销售是个拿结果说话的职业，和目标无关、不能帮助拿业绩的动作，都是浪费时间。

这个问题，我看到在很多销售冠军身上更明显，他们不爱写，不按时交，显得无组织无纪律。

那我是怎么做的呢？我是怎样让日报、周报成为我的一大销售思路武器的呢？首先我的想法变了。其实日报、周报绝对是为自己写的，因为说白了，日报、周报写的是我的时间精力花在哪里了。时间精力是我最大的成本，我花在哪里，有没有产出，为什么成，为什么不成，周报是我的总结、思考和下一步行动的规划，我不为任何人写，而是为我自己写。我要对自己的成长负责，要为了自己写，说白了，这是一次自我复盘。我在这里将之前的模板分享给你。

　　本月目标：

　　本周目标：

　　今天：

　　1. 今天计划把时间花在哪里？

　　2. 做成了什么事？

　　3. 哪些有效，哪些无效？推进了多少目标？

　　4. 今天目标完成了吗？有哪些好的动作和经验要沉淀？

　　5. 如果没有完成，我打算怎么做？

　　如果你是用汇报思维去写，那么你就应付了工作，浪费了自己的时间。如果你用复盘思维去写，你就尊重了你的时间，促进了个人的成长。

## 5. 学会自我复盘，保持快速成长

　　复盘大有裨益，这一点不再赘言。复盘本质上是拿实际结果对标目标，完成了要总结有什么好经验，没有完成也要总结存在什么问题，下次避免。这是高手快速成长的秘诀。

　　关于复盘的风格和频次，前期建议任何案例都复盘，后期是经典案例才复盘，先判断案例是否值得讲，要有代表性，有难点。

　　目标复盘之外，还有销售案例复盘，有个基本的模板，供大家参考：

　　第一，必须交代背景、梳理场景和代表的案例类型。

　　第二，全流程梳理，要看细节和聊天记录。

　　第三，经历者总结原因，管理者再总结核心要点和底层逻辑。

　　第四，固化表达，形成规范，进行知识管理。

复盘思维还可以融入日常，如果你是销售新手，想要成长得快，可以学会三问法：我预测客户会问我什么？实际问了我什么？哪些问题我没回答好？

通过复盘可以迅速补上自己没有考虑过的问题和不会的事项，最后就会形成你自己的常见问题清单。成为一个有经验的高手，见 10—20 个客户再加上这种复盘方法是最基本的。

想要成单能力更强，特别是 2B 客户，很重要的是客户关系的开发工作。如何确认自己和客户的关系是否增进了，还有一种自我反问法，这是我的一个男学员分享的，我觉得很好，也借此分享给大家。他说他每次见客户都会问自己三个问题：谈之前我和客户是什么关系？谈的时候我和客户是什么关系？谈之后我和客户是什么关系？

这其实是在提醒自己，讲方案、做资料都不是最重要的，最重要的是你和客户的关系是否发生了变化。

## 6. 超级销售的目标：日拱一卒

日拱一卒是我在培养中小 B、2C 的销售时定下的基础要求，就是至少每天成交一单。为什么一个月 30 单不如每天一单来得厉害？因为稳定，长期的稳定。长期超越最低要求的销售才非常厉害。这些销售都是怎么做到日拱一卒的？需要养成一些非常好的习惯，才能达到这样的目标。

第一，一直保持勤奋和热情。我见过一个超级销售，即使中秋节放假，他也每天都来加班。他说如果一天没有开单，这一天就是没有成果的。

第二，有非常好的基本功。包括能够坚持很好地破冰、话天地、建立信任、尽调、福利布局等，这些高手的方法都在 18 大基本功里了。

第三，非常好的池子管理意识：持续为自己蓄池。销售要用好手里的微信：每天增加私域流量，一定要长期坚持的事情是去加好友，比如每天加 10 个潜在客户，不见客户或不持续增加潜在客户对销售来说是灾难。

第四，良好的服务意识：客户关系。拥有好口碑、好服务的销售才能长久做好。

你是否也感受到，这么多好习惯，其实也是人生的底层好习惯。所以，为什么销售做得好的人都很厉害？我想你已经深谙其中的道理。

# 对的，你要敢于放弃这三类客户

销售就是在有限的资源下去获取最多的结果，对于大家来说时间精力是有限的，要拿到结果就需要专注，专注于优质潜在客户，敢于放弃非客户 / 非优质客户。因此，以下三类客户大家要敢于大胆放弃。

第一类是一上来就疯狂逼问你价格，并且你说什么都没有耐心听的客户。我真的做过一个统计，一上来就问价格的人，100 个里有 98 个不会买，就算是在问价成风的行业，成交率也绝对不超过 10%。而且当销售想多展示一些价值的时候，一些客户可能就会生气地说："你别给我一堆套路好吗？"这类客户回头率也非常低。

为什么这类客户大概率可以判断为不优质，因为如果一个人真的想买你的东西，一定会认真研究，因为人不可能会潦草地对待自己要花的钱。

在什么样的情况下这种只问价格的客户才会买单呢？就是当价格远远低于他的预期时，但是需要销售来服务的产品，就一定需要价值塑造，不然靠运营，发发推文，9.9 元或 0 元的产品就成交得不错。我见过不少客户会这样反问销售："客户就是上帝，你别跟我绕那么多，告诉我价格就行。"但是我想问，真想买的客户，会完全不在意自己买了什么吗？不太可能，如果你告诉他们为什么你需要和他们说明，他们会耐心听的。因为人人都爱财，特别是从口袋掏出钱的时候都不会随意的。

当然，事无绝对。有一类情况下他们会是真客户，就是他们真的着急且真的需要，但是他们会和你说，我已经研究过，也真要买，你可以直接告诉我价格。

第二类可以优先放弃的是吹毛求疵、爱提无理需求的人。因为尊重是合作的基本前提。

有一类客户在和你沟通的时候，语气里会带有很强的攻击性，只会挑剔问题，不会理解你，这类客户是大家需要持续跟进的，但是不能作为你的优先级。而有些人也很冲，但是没有攻击性，比如直接说"我真的好忙"。这是另一类人，和上面这种不能归于一类。服务这类客户真的需要销售有非常好的情绪管理能力，能做到很好、很有耐心地讲解，不带脾气地服务，也能打动这类有需求的客户。有的销售和我吐槽说被客户气得不行，觉得太难服务了，我常安慰他们："你要有常人做不到的耐心，才能拿下常人搞不定的客户。"

第三类可以优先放弃的是确实没有付费能力的客户。

做合伙人的时候，我考虑最多的一件事是定价。

价格本质就是一种定位和筛选，也是过滤客户最好的方法，一旦定价了，就说明你需要选择聚焦一类客户，放弃一些客户。大家如果同时有低价的服务和高价的服务，可能会发现，价格和服务并不成比例，高价的客户反而是认可你价值的客户。高价的客户不仅认知高、好服务而且拿到结果快，低价的客户不仅难服务，而且通常事情多，难以实现好的结果。

记住，不是所有客户都是你的客户，我们的客户只在我们定价上下浮动的那个区间。好的客户究竟是什么？从反面看，至少付费能力远不及你的定价的，要首先筛选掉，因为他们就不是你要服务的人群，在定价的时候就要告诉自己你的定位。

那大家又要问，真的要放弃这些客户吗？

如果你有更多客户要跟进，当然不能把他们当作重点，如果你没得跟进，那也得安排上这难啃的骨头，但如果有选择，这些客户一定是最需要排除的。也希望有购买决策权的人，能对销售有足够的同理心，销售是一种服务，也需要付出很多时间、精力、成本，请尊重销售、理解销售。

最后，如何搞定只问不买的客户？策略上不在优先级。在行动上保持好的反馈，在问中会产生信任，每一次提问都是给你机会。真心发问，问出其是否真有需求，是否有购买能力，是不是决策者。然后，主动去影响，积极影响，持续影响。

第四章

# 和情绪共处、训练积极
# 的思考方式

# 销售是不是很难？我要不要做销售

　　我经常会在社交媒体看到大家讨论销售是不是很难，要不要做销售这类的话题，其实看得出来大家的情绪是非常复杂的。大部分人都认为销售很难干，又觉得能把销售做好的都是比较厉害的人，还有人也表现出不太看得上销售，但又觉得销售收入天花板比较高。很多人还没有很好地理解销售于个人、于人生和生命体验的意义。

　　有一天，已经报名课程，并进学员群2个月的学员发来一段求助：

　　童鞋们晚上好，我是××，是一个职场新人，也是宝妈，来自深圳，热爱育儿知识、美食、养生、摄影。在群里默默潜水了个把月，真的好喜欢群里伙伴们积极纯粹、互帮互助、一起变优秀的美妙氛围。

　　今天鼓足勇气好想听听伙伴们的择业意见。之前做了小两年的广告投放，因为日常工作无法避免后半夜熬夜且想更快更有效地实现自我提升，想要转岗销售。身边唯一一位坚持6年的销售好友近期正转职能岗，她并不建议我长期做销售，很想听听在销售岗位深耕的前辈们的意见。销售工作中遇到的最大困难会有哪些？

　　和大家分享一段我那天深夜赶回家码下来的回复，也代表了我对"为什么要做销售？我能不能做销售"的回答。

今天有点事，在外面跑了大半天，一直挂念××的问题，终于是有空打开电脑来认真写下我的看法。因为这是非常好的问题。

（1）要不要做销售？

这个问题的背景是你的朋友要转岗了，告诉你销售不适合长期做，所以你才有了这样的疑问。其实做销售对大部分人来说是一种选择，而不是一种不得已，如果创业过/做自由职业，你会发现销售不是选择，而是必须要面临的事情，所以如果打算自己做老板的，大概率是躲不开要亲自做销售，而且可能在好长时间内得坚持做销售去负责各种新客户、大客户，这个是必然，不是选择。

所以这个问题的前提是：你一直在打工。一直打工，朋友不建议你不要一直做销售，现在你真实的、更深层的问题其实是想问：销售是不是太难？销售是不是不适合你？

我回答这个问题的时候，在极力克制自己的引导性，因为我个人一定不会问这个问题的。基于个人特质，我喜欢丰富的经历，乐于体验这个世界的各种角色，从来不拒绝任何挑战（我的第一任老板肯定我、说我厉害的地方就是接受挑战和适应变化的能力）。

（2）销售难吗？

说句真心话，肯定很难。各大职能岗位基本是在拆分商业环节中的某个部分，而且极少为直接结果负责，而销售却只用数字考量你。销售是不论你多努力，没有结果就得不到认可，所以是残酷的。但是残酷之下训练出来的人才是最经得起考验和挑战，也是最被市场认可的，因为你做到了大部分人做不到的。"稀缺法则"在哪种情况下都适合，特别是在商业社会，疫情期间什么岗位都可能被砍掉，但销售位置只会增长。另外，我做销售教练这么久，真心感受到好销售绝对是市场上的香饽饽，是真正的抢手货。

（3）销售难在哪里？

第一个关键是因为销售面对的是人，人是核心，获得信任、创造价值、拿到结果，这里面有太多要用心用力的地方了，都有坑，都得付出不少，而且它是软实力，不是来个集训三两天就会的方法论，是实战的艺术。第二个关键就是压力，每个月的压力，每天的压力，不是你努力压力就消失的。没有结果、抗压能力不强，会一直感到挫败。第三个关键是要勤奋，做得特别好的销售，没有不勤奋的。

（4）那销售适不适合你？

一个职业是否适合，除了看是否有优势、有天赋，还要看是否有兴趣和职业认同感，这些都不能缺。销售没有不适合谁，也没有非要哪种人来做，我见过内向的、全脑族（九型人格中的分类）的伙伴都有非常出色的，因为销售可以很多样，也可以很有个人的风格。关键是，你知道难，是否想挑战自己。关键是，你是否想磨炼自己，获得更好、更强大的自己。当然，也包括能够赚得更多，接触更多的人。

这个问题不好回答，因为最深的层次是你想过一个什么样的人生？什么样的人生都没有错，也没有好坏之分，这个时代很好，也非常包容，就看你想要什么样的人生。

这个答案唯一确定的是，做过销售的人，会更懂商业，也更懂人性。更确定的是，销售能做好的人，绝对不用怕失业，创业成功率也会高很多。我自己是真心非常感谢我当年被"逼着"去做了销售。

最后，至于销售是否适合长期做？我只能说，我作为销售教练，不建议一个人一辈子做销售，我认为最好的安排应该是好好珍惜做销售这几年的磨砺，做到让销售思维和能力成为基础能力，也积累了自己的原始资本，然后可以继续往管理或者其他方向深造。当然，也有终身做销售，把销售做到极致、做得极为专业的类型。

这章我主要想和大家分享销售心态的重要性，如果你想做好销售，就必须和三大错误心态说"拜拜"。

① 不配得感：卑微，觉得我怎么能收人家钱呢？

② 不相信：不相信产品和公司，也不相信自己，总是怕被拒绝，很容易因受到对方否定就开始否定公司，而没有真的相信产品、设计和技术。

③ 依赖外界，不求自我掌控：特别容易被外界控制、影响的人，才是真的脆弱。

稻盛和夫的人生成功公式是：人生和工作的成果 ＝ 思考方式 × 热情 × 能力。接下来我们来讲一讲可能对你影响颇深的一些思考方式。

# 善用焦虑的反推力

## 1. 焦虑是人生的"感冒"，也是人生开挂的启动器

我们这个时代，好多人都很焦虑，包括我，但是在我眼里，焦虑是个极好的东西，因为它是我人生的一场"感冒"，提醒我内部已经出现了排斥或者不安，我需要增强免疫力，并促使我采取有效行动，变得越来越强。

其实焦虑的出现一定是我们的人生出现了失控，就像我们的身体受到外界病毒的侵袭或者变化的外部条件破坏了我们身体机能的自洽。焦虑是我们应对自己人生失控的反应，它像感冒一样，是一次善意的提醒和合理的释放。所以你焦虑了，不妨问问，是哪里出了问题？是不是要调整一下？

那为什么对有些人来讲焦虑显得百害而无一利，而对有些人则会有完全不同的效果？

焦虑的反面是具体。它可以具体成你的期望、你的实施计划和你下一步的行动。一旦你开始执行你的具体行动和计划，就会发现，焦虑就是一场善意的"感冒"，一个极具价值的自我提醒。

到目前为止我的两次大型焦虑，帮我赢得了两个人生宝藏：第一是清晰的自我认知和探索的开始，它还加快了我的职业发展速度。第二是让我走上了人生第二发展曲线。

我的第一次焦虑，出现在确定保研清华的大四和在清华读研究生的第一

年。那时候，我感觉自己"无处可逃"，如果不是拥有保送推免的机会，我就必须面临就业的抉择，那时我通过保送研究生，感觉获得了额外三年的"缓刑"。我是一个喜欢生活能按照我的节奏来，向来不喜欢被事情推着走，让我被动没有选择的人，所以我的焦虑似乎来得有点早。

这种焦虑，让我在进入职场前三年，做了两件非常重要的事。

第一件事情是我做了很多职业测试，让我思考和认识自己，也经常带着思考向前辈们请教职场的经验。这些测试包括 PDP 测试、DISC 个性测验、九型人格、盖洛普优势、霍兰德职业测试、MBTI 测试等。这些测试虽然我不能完全解读得明白，但是它们都在告诉我，我适合在企业工作，适合做和人沟通的事情，适合做较快得到成就感的事务，我擅长协调，充满创意，充满感染力。这些让我更坚定地认为，我不喜欢去做公务员是有原因的，因为"不适合"。

我在清华创业的时候，清华有 X-lab 创业孵化器，学校有不错的老师，也会协调不少辅导的资源。当时有一个做企业高管的创业导师和我在咖啡厅探讨过我的人格，也讲到了五行等老祖宗的智慧。我记得大概就是说，我这种人就像火，能带来光，带来热，很有力量。但是要注意，火虽然耀眼，但是它是蓝心的，内在的力量其实很弱，所以一定要注意找到内在的价值观，这才是真正的强大。火是和外界相互依存的，火的能量来自空气，但是风一吹，火就开始晃动，所以很容易受到外界影响。

类似这样的探讨，让我很早就有了自我觉知。我会观察自己的优势、自己的弱点、自己的偏好、自己的欲望，基于这些，我发现并发挥自己的长处，同时非常注意训练自己向内求的能力，多看书，建立自己的价值体系，不从大流，不随轻波。

第二件事情是我很早就开始了折腾和尝试。我的所有实习和折腾经历可以分为两类，一类是被安排或者被要求应该去做的，另一类是主动选择的。

第一类是被安排或被要求的实习。包括大二暑假，学院和国家发改委每年合作的社会调查项目，都需要社会学和心理学的学生在暑假跑到全国各地去做田野调查，我那年和团队负责了浙江、江西和福建三省六市的留守儿童生存现状的调查。还有大三在北京昌平区司法部门做实习生的经历，研二在知识产权公司和乐视集团法务部的法律实务实习经历。这些经历让我从多个角度体验了一个法科生走了正统路线，比如做法务审合同、做律师打官司做案子，还有做公务员服务百姓、处理民生问题的感觉。

第二类是我主动选择的。包括大一暑假我和喜欢舞蹈的同学一起在一个西班牙西餐厅做了一个暑假的舞蹈演员，和佤族的哥哥姐姐们每天一起排练跳舞，吃好吃的佤族菜，疯了头般的过了一个假期。包括大四保研以后，我通过重重考核，挤进了一个月只有 2000 元实习薪资的奥美公关，在金宝街学起了大人模样，每天也得拿杯星巴克才像公关人的生活。还有我在清华开始折腾创业，从注册公司，做第一款产品，靠线上卖出一套又一套装备的有趣体验。

从不断的尝试和折腾里，我看到了自己的喜好，也看到了自己独有的特质，比如我很擅长从 0 到 1 做成一件事，我有比一般人强的影响力，作为法学生，我一点没有法学生特有的严密逻辑，体会不到沉静下来面对文书和证据的乐趣，我明确自己不喜欢，甚至有点讨厌这种深究的感觉，这些让我感觉到无聊。我不喜欢复杂的人际关系和过于僵化的制度，我觉得这些对生命是一种浪费，轻巧、便捷、有效，才是我认同并愿意为之付出所有的职场方向。

所以，是第一次焦虑促使我拥有自我觉知并开始不断尝试，然后不纠结地选择了毕业后加入创业公司——一家有生命力且都是和优秀的人为伍的高效率公司。

我第二次深深的焦虑出现在 2019—2020 年。我从 28 岁跨入 29 岁，眼见着 30 岁要来了。那一年，新冠肺炎疫情暴发，国家政策又给很多行业来了个"急刹车"，影响了好多行业和好多人的生活，文旅、地产、教培等行业都受到很大影响，我算是很幸运的，虽然负责的公司业务难免受到疫情影响，但因为资产较轻，且不依赖于线下，我的工作、薪资和生活都没有受到很大影响。但是，我还是很焦虑。

这种焦虑整整持续了快两年，不是情绪的焦虑，是内心的焦虑，可能是大环境不佳和身边人的困境带来的，也可能就是这个年纪会面临的。这次焦虑引起了我很多思考，也让我采取了很多行动。

第一个焦虑，也是最明显的焦虑，是财务焦虑。这种财务焦虑并不是没有钱，也不是缺钱，其实我的财务状况一直特别好，有相对于同龄人来说不错的存款，没有任何贷款，不用信用卡，工资现金流也很健康，可是为何会焦虑？后来我理解为应该是来自三个可能的情况。

第一是这种工资现金流可能的不持续带来的危机感。我的高中舍长解读我的焦虑说：如果你月入5万元，全部是工资，和你工资2万元、房租收入2万元、理财稳定收入1万元比起来，一定是后者更能给你安全感。我甚至也想过，如果买了房子后，现金流情况并不好怎么办？大家看到这里应该知道，我是特别不喜欢人生被动的人。如果哪天怀孕生子，成为职场挑选对象，就会面临收入大幅度下滑的危机感。

第二是如果男友的事业持续受到影响，担心未来家庭负担会比较大。

第三是2020年股票大涨，很多培训机构和金融机构大肆鼓吹理财的好处，让大家都产生了更多的焦虑。这个氛围也让我意识到只会储蓄，不会理财其实也是一种"偏科"。

这种焦虑，让我开始了各种付费学习，我利用周末和休息时间较为体系地学习了保险、债券、股票和银行理财，也进行了意外险、寿险、医疗险和重疾险的综合配置，拿出部分可以承担亏损、短期用不到的闲钱做了投资实战。这是我人生财商的一次进步，从简单的银行储蓄思维，走到学会用钱作为生产成本的投资思维。但是要注意，理财并不一定能赚钱，它并不容易。

第二个焦虑是我的职场焦虑。我是在职场上很拼搏的人，几乎不需要别人向我提出要求，因为我对自己的要求一般都比领导对我的要求高，但是我还是焦虑了。

经历了 4 年一直前进的第一家公司的生活，突然有了两天周末的我，竟然感到无所适从。有一次，福州市律协邀请我去讲律师的个人品牌打造。每次输出对我来说都是一次有效检验，我是一个不喜欢同样内容讲两次的高度内容洁癖者，所以每次讲课，我都必须重新准备，而且我只讲自己真的懂的，不懂的一定不会乱说，不然就是误人子弟。在那次准备内容的过程中，我发现我跟不上时代了，似乎我的技能还停留在前些年积淀的公众号这种内容驱动的传播模式，对于正风靡的短视频、算法驱动的传播模式，我只能通过采访做短视频出色的律师来输出内容。

在讲完课后，2020 年 9 月 28 日，我生日那天，我选择了在小红书的账号"雪梨卷 –FitShirley"上发了第一个动态，鼓励自己开启了短视频的尝试。这次焦虑，让我在后续一两年，学会了新媒体内容的底层逻辑，成了垂直赛道的代表性博主。

这也是第二次大的焦虑带来的行动，让我拥有了主动选择第二职业曲线的能力，从企业高管，无缝切换成为一个很多人愿意为你的专业付费，跟你成长的知识博主。

这是我人生经历的两次大型焦虑。很多人说卷卷过上了自己的理想生活，我可以非常肯定地说，是焦虑成就了我，更准确地说，是我面对焦虑的方法——有效的行动，成就了我。

无独有偶，正好在我动笔写这本书的时候，我和一个 1992 年出生的朋友做了场直播交流。我惊奇地发现，就像我一样，阶段性的焦虑也成就了她。

她在 24 岁大学毕业的时候进入互联网大厂，在工作 2—3 年后，不仅大厂精细分工下的螺丝钉般的只要一种垂直能力使劲打的模式让她感到枯燥和拓展受限，更让她奇怪的是，为什么身边都是年轻的女性，却几乎看不见 35 岁左右的女性？她们去哪里了？她们在干什么？这让她思考自己之后的人生经营模式。

　　同样因为父母都是经商的，从小耳濡目染，她工作 3 年多后选择了离职，开起了文具店，发挥自己擅长策划和创意的特长，借助互联网的力量，把文具店做得有声有色。

　　给我做肩颈劳损治疗的按摩师姐姐也和我分享了她的焦虑。过去几年她一直是保持月入 8000—10000 元的薪资，但在北京开销大，有时候连租房保险的费用都很紧张，所以她开始求变，好好思考了什么才是正确的做法。然后她开始重点维护老客户，用各种方法，不论刮痧、拔罐、艾灸还是按摩、推拿，只要能帮客户解决问题，她都不会去计算成本或者严格计算时间，所以客户满意度很高。老客户保证的稳定收入，再加上转介绍，以及平台派单，让她两个月内就涨到了月入 1.5 万元。

　　她说，我们总是被教育怎么少付出，多收获，想办法让客户多加钟，但这是不对的，只要你能帮别人解决问题，客户自然就离不开你。平台派单一点都不稳定，能稳定的是老客户对自己的依赖。

　　焦虑给很多人带来了思变的机会，所以如果你处在焦虑中，请抓住机会正视这场人生的小"感冒"，它其实是在提醒你要注意点什么，要准备点什么，在一次一次"感冒"后，你将获得越发强壮的身体和更强的免疫力，人生也会在焦虑过后开挂。

## 2. 切忌假想型焦虑

　　销售是高压的工作，所以我作为教练经常要给大家做做心理按摩什么的。但是最近有一个学员给我发了一长串的文字表达焦虑，看完后，我真是又好气又好笑。我一顿批评后，把他"骂醒"了，他说："我本来都要去看心理医生了，找你聊了之后就不需要了。"

　　背景是这样的，这个学员刚从教培 2C 转型 2B，而且是大 B，可以说是销售模式、服务的客户、产品以及专业度要求都大大提升了一截，有过渡期的困难和焦虑其实我是十分理解的，也准备给予一顿暖心安慰。但是我为什么会觉得无奈呢？大家看一下他的焦虑是这样的。

1. 我刚转型，特别害怕自己的选择是错误的，结果不好，又一次被家人和身边的人质疑。特别是身边的人都说会很苦的时候，我的心理压力就更大了。

2. 无法预知的困难和问题，毕竟现实中的问题往往不会按自己预估的情况发生。

3. 专业的抽象程度高，理解难度大，现在只是在硬背，运用不了，学习精力分散。

4. 对于业务中的人际交往也有很大的焦虑（这个是还没有发生的事，但身边的人经历的人际关系困难让本来人际交往能力就不太好的我焦虑大增）。

5. 陌拜和陌生联系也会让我感到焦虑（害怕被拒绝。一旦被拒绝，就感觉到自己被否定）。

大家认真看，只有问题 3 是客观存在的，1、4、5 都是还没有发生的、因各种过分担心导致的。另外，因为还没有真的尝试，第 2 点是一种思维方式导致的焦虑。如果 2 值得担心的话，那我们每一次前进都可能感到十分痛苦，因为人生本来就是未知的旅程，某一天会突然车胎抛锚，某一天会突然天气不好，这些都是会发生的，每一天我们都可能遇到新的困难。人生真的会出现一堆无法预测的困难，你不能什么都还没做，就被吓得不得了吧？

这个学员本身就是忧患型人格，在比较安稳期是居安思危的代表，但在转型期有困难，他的忧患动机就更加明显了，而且会成为负累。忧患型人格的伙伴请一定要注意这类情况。

我和他说："你想想自己是不是特别好笑，除了专业问题是真的比较难，其他问题都是你想象出来的。你担心被拒绝，但你这不还没有被拒绝吗？而且你想进步，想成功，没有遭到 100 次拒绝，怎么最终从漏斗里漏下来 10 个客户选择你呢？"

我这么一说，他突然醒了一样，说："是啊，我简直就是习惯性地自己PUA（精神洗脑）自己。我应该先定目标，定了目标再找路径，遇到困难解决困难。干就对了，在行动中解决问题。"

其实多少销售之间的比赛根本还是方法论层面的比赛。给大家讲一个我和销售学员的故事，就是在我写书写到这里时发生的。她在某银行的信用卡部门工作，要去科技园区陌生拜访，早上出发的时候我教了不少方法给她，晚上我关心地问了一下今天情况如何，她说自己非常恐惧，怕被拒绝，所以迟迟没有进到任何一个大楼开展行动，一天下来没有任何收获。其实，害怕被拒绝的销售是败给了自己。

我十分理解大家的恐惧，但是直面恐惧的最佳方法就是攻克它。快速行动你就已经淘汰掉 90% 的人了，在行动中还能升级迭代你就又跑赢了 9%，最后我们就会成为那 1%。

焦虑是个好东西，前提是大家要真焦虑，不是假想焦虑。真焦虑就是遇到客观困难，比如明天见客户还没做 PPT，这种焦虑会引发具体行动，使问题得到解决。

假想型焦虑是，担心特别多可能并不存在或者非常久之后才能遇到的困难，找了一堆假想敌来吓唬自己。然后让自己深陷恐惧情绪中，无法自拔，更无法积极行动，最后焦虑就不是好东西了。

记得，切忌假想型焦虑。

# 比起深谋远虑，你更需要少想多做

## 1. 高道德感销售的内耗：担心了 100 次，行动 0 次

在我这几年带教销售的经验里，有一类销售很神奇，他们为人很好，做事标准也很高，但就是因为他们的"好"，严重耽误了他们，他们的"好"让他们形成了严重的内耗。

他们会在日常业务里反复出现以下情况：简单的跟进都思来想去，担心分寸把握不合适。最终的结果是一次都没有跟进过。催款的时候更是如此，觉得向客户催款是特别特别不好意思和不应该的事情，所以客户感觉挺好，但就是不成交。

这类行为特征我称为高道德感销售的内耗。他们通常是完美主义者，什么意思呢？他们会不自觉地用这个跟进行为是否完美、是否真正有效来做思考和评估。

比如，她其实知道一些方法能用，也都明白，但还是止不住地想："我不知道会不会有用 / 我担心没用 / 我担心反而更不好 / 我怕对方可能不舒服……"总之有各种维度可能性的担心。

但是如果我问他："那你 ×× 方法用了吗？"梳理下来就是他一个具体的对外动作都没有做过，就已经耗竭了自己所有的勇气和力量，还觉得特别无助。

再好的方法，不用等于没用。

这里要告诉大家，能拿到结果的销售都有两个特质。

一是目标导向做判断，用这个动作能不能帮我更好地靠近目标。如果你只有过强的道德感和体验感，甚至用资料准备得是否足够完美，作为做不做动作的标准，而不是用目标导向做判断，到最后你就会忘记了目标为何，行动为何，成了本来要驶向目的地，却停在原地反复左右摇摆的船。

二是少想多做，想得太多了，非常像作茧自缚。销售是个影响他人的工作，没有触达，就没有影响。影响需要行动，你要先做。

在这里再插一个小话题，就是完美主义可能还会带来的情绪问题。有位人格146（九型人格测试中排名前三的类型，1是规则，4是独特，6是忧患，详见本书第19页的表格）的学员和我探讨了她日常的几个特征。其实不少人有，特别是女性，可能会面临一个关键问题，就是受不了负面评价，并很容易生气较真。

这个学员就问我要不要情绪管理，我说这不是情绪的问题，情绪是我们对人、对事物的反应，所以这是你的认知和反应的问题。然后我问她："你是不是觉得任何事情都应该是完美的，你自己也要是完美的，所以一旦有不完美你就很容易不满，也容易看到不好的地方，并且很想批判。你觉得世界就是对错分明的，当别人给你负面评价时，你就变得不堪一击。很多事情是对事不对人的，但是你就觉得这是在指责你，你非常害怕。本质上还是因为有不够自信的地方，才会想让大家都喜欢你，肯定你。你需要外界的肯定，你把自己的感受和对错看得太重要了，不是目标论、终局导向的。"

她说："特别对，我突然意识到是自己的底层思维就是框定的，完美主义、非黑即白，不能忍受指点型交流。"

其实大家不必过分看重他人对自己的评价，要多看看客观事实是怎样的。

罗素说过："当我向外看的时候就会变得快乐，太关注内在和情绪就会痛苦。"

## 2. 觉得没有准备好，不敢行动怎么办

没准备好就不敢见客户，那问题是得准备成什么样才能见客户？怎样平衡迅速抓住商业机会和出击工作准备的完善程度的关系，经常会让我们困扰。

我的一个学员是美容行业的投资人，负责市场，但是做管理的合伙人认为她的行动太慢。她自己觉得自己还未准备好："我下去过店家，我没有体系地培训过机构的项目，包括现在市面上的同行在用的方法和技术我也不太清楚，我只能是在网上去搜罗各种资料来学习，合伙人比较反对我的想法，她觉得应该去店里多跟客户聊天进步得更快，我也承认去真正接触客户才能发现问题再改进，但我觉得我就只知道一点皮毛，连聊天都没话题呀，美容院现在也不容易，怎么能去拿人家的客户练手，人家也不一定肯呀，后面大家都没有机会合作了，也不负责任。卷卷，你说要怎么办？"

我鼓励她要去行动，因为很难有完全准备好的时候，最佳的方法是你给自己一个截止日期，然后在那个日期前尽力准备，到了那天不论是否准备好都要去。

其实，最佳的职场思维就是随时上，永远没有准备好的时候，要上前去试试。为何呢？

① 上战场就是校验自己是否成熟最好的方法。

② 在销售的世界，最好是客户有空，你就有空。

③ 完成比完美更重要，特别是完美主义者一定要记住这一条。就像大家看到的这本书，我在写的时候也经历了反复的内耗，完美主义反复作祟。所以我就给自己定了截止日期，封闭了几天，第一稿是被自己逼出来的，告诉自己，先完成，再打磨。

④ 我们要允许自己在初期失败，但是不允许自己没有长进和进步。在每一次的实战后务必复盘，学会享受进一步有一步的欢喜；要在每一次被专业问

题问倒的时候，回来下苦功夫，告诉自己务必不能再被问倒。也务必把逻辑梳理清晰了，比如客户问产品的性能，你要做到能够说清楚原因、逻辑。

其实大家想想，你自己和很多人的第一次独立，其实都是因为被逼无奈，就像小朋友学骑自行车，也是放手了，他自己就能掌握平衡了。

### 3. 马上要见大客户，但不自信怎么办

我们作为新人的时候，一定会有第一次，也一定会有自己没有处理过的业务类型，特别是我们要见大客户了，更会紧张，而直面恐惧就是战胜恐惧的最佳方法。那我们应该如何减少这种不自信呢？

有学员问我："我今天上午去一个信息技术行业的终端公司找他们的董事长，他有品位，打高尔夫球，和我扯东扯西，讲元宇宙、认知水平等，他好奇心很强，是清华的 EMBA（高级管理人员工商管理硕士），但是我一说重点业务他就不接话，转移话题，我聊天的时候就努力想归纳类型，难道……我道行不够？"

我说："大佬客户会怎么想呢？我见你肯定还是愿意跟你谈的。但是到我这个水平，不缺供应商，而且我也不抓细节，就是定个大方向，我先看看我们投缘不。这个时候心态最重要，越是这种大咖，越喜欢努力向上的人，越不喜欢过分卑微或者夸夸其谈的人。你要带着专业精神给他提供解决方案。注意他就是个普通人，可能是你的邻居，我们要做到不卑不亢地学习和尊重。"

所以，大佬没有大量和你谈业务是没有关系的，想和他谈业务的人太多了，能希望和你谈谈生活，也是一种极好的机会。

那面对大咖客户会怯场怎么办？自信源自底气：服务经验丰富所以很了解客户，对产品熟悉所以不怕被问，所以对自己有信心。如果你觉得自己还差得比较多，但是必须上场时，我来为你准备几个锦囊。

（1）见面之前，再次对产品和服务做一次梳理，做到对"可能的问题"了如指掌。

这是能做也最值得做的。教你两个梳理的好方法：

第一，最简单地梳理出 10 个左右同行业 / 同区域 / 同类型的客户。

第二，如果都是新类型、新业务、新领域，就要注意做好产品本身，包括愿景价值的介绍，找出自己的差异性。

（2）充分研究客户

除了公开信息，对于介绍人、中间人还有可能认识的圈子用心沟通一下，全力做准备，做尽调，提前准备合适链接点和客户破冰。

（3）做积极的心理暗示

有几个非常好的角度：

专家思维：客户很厉害，但是在这类产品或者行业中，我可能看的、了解的比客户多。我以前经常用这个方法鼓励 1997 年出生的计算机毕业的销售去给"50 后""60 后"的律所主任讲课，我说主任们再厉害，在技术感方面和对技术的理解上也不如你们。这个角度很好地鼓励了这群年轻人。

对着镜子积极暗示：你可以的，也能做好，每一次都是珍贵的经历。如果你是新人，确实不懂，就真诚地告诉客户你是新人，你全力准备了，请教了很多，但还是有不懂的，希望能理解。

明确目标：首次见面，不论表现如何，记得和客户建立信任最重要，真诚也非常重要。

最后，我要恭喜你，你现在紧张，就说明你重视，只要重视都不会差。最糟糕的是败兵心态的人，无所谓，有仗就打，不求结果才是最不应该的。走吧，出发见客户去。

## 4. 客户嫌你太年轻？扭转刻板印象，告诉他年轻也很厉害

很多销售，特别是做大客户的或者是自己本身是服务者，例如咨询师、律师，都有过被客户打量自己年轻形象的经历，客户的眼里总会透露着一点

不信任。这一点我也深有感触，我在二十五六岁的时候就要站在讲台上给管理者们分享、讲课，也曾经历过内心非常胆怯、惶恐时候。

最后我的真切体会是：只有在你真的一无所知的时候，年轻才是劣势，不然就全是优势，因为反差会很强，你这么年轻还这么优秀。

在和这样的客户接触的时候，其实是有一些方法能比较快地让客户感受到你的实力的。从以下三点会让客户迅速感受到你很厉害。

（1）信息差展示

你告诉客户他所不知道的信息。作为第三方服务者，我们接触的同类客户足够多，就会有信息差优势。比如，你告诉他行业内的一些默认的信息，或者是你在别的渠道知道的，而他并不掌握的消息，都能快速地展示出你的能力。

（2）信息源差异展示

你告诉客户他所知道的信息，但是他原本掌握的不一定是真相。你可以从更全面、更权威、更具有可信度的角度进行分析，给予其帮助。

（3）认知差展示

你告诉客户的信息，他都知道，这时你可以换个角度去看，因为你的专业不同，你可以找到高度和角度差。

此外，你可以用好年轻带来差异化的展示。我记得有个年轻律师谈案子，客户老总一次带了三个人一起来谈。刚开始这个年轻律师总觉得对面坐的不是很像客户方的人，并且他在之前研究客户的时候，发现这个客户的案子常年是由三个不同律所的律师来做的，然后他迅速上网找到三个律师的个人信息，一对照片，马上起身喊出三位律师的名字问好，一下就把这位老总和三位律师震住了。然后他就和客户说，我虽然年轻，但是我对于技术的掌握和一些新信息的敏锐度以及×××是我特有的优势，这个客户当场就决定委托他。

最后，年轻还有很多优势，比如年轻也意味着有更多的时间和精力，可以为客户做更极致的准备和用心服务。

　　还有一个常见的难题是，客户问你有没有做过这类业务。如果你确实没有做过，要怎么回答？我想我的思路能给你一些启发。你可以和客户这么说："你要关心的不是我没有做过什么，而是我做过什么，以及我能做什么。做服务不是看谁比谁厉害，而是看谁能解决问题和更好地解决问题。"

# 不相信了怎么办

## 1. "相信"决定了你会多强

我最喜欢的四个字是"信者得爱"。相信的力量是很强大的，先分享一个我被相信的故事。

2017 年年初，我在清华读研究生三年级，同时在公司实习。因为不怕重任、喜欢突破自己的个性，2016 年 11 月，我刚入职 1 个月就毫不犹豫地接下公司的核心媒体窗口，也是行业一大公众号的主编工作。当时前任主编很细心地和我交接好工作，并留给我一个在国外读博士的远程编辑 A，配合排版的工作。

在公司的传统里，我们没有全职主编，因为我们认为不了解读者、不了解业务、不了解行业的人是根本做不好主编的。我也很认同，所以我 3/4 的工作时间要同时负责课程运营（现场总监）和课程产品经理的工作，剩下 1/4 的时间要负责找稿件、审稿件、联系作者和合作方等新媒体工作。

那时候，我每天利用往返公司的地铁时间自学新媒体课程，要求自己尽量补上这部分的专业能力。但是不得不说，初入职场，我有很多做得很差的地方，比如多次因为临时有其他工作或其他工作量太大，导致我放入排期的文章没有按时交付，或者有公众号"白名单"没有开通好导致发送推迟的问题。加上我是一个没有管理经验的实习生，这让和我本身就比较陌生的国外编辑多有怨言。

接手一段时间后，我觉得工作中有不少令我感到困顿和不够满意的地方，于是主动去找了我当时的直属导师，也是公司的 CEO，来复盘和反思，尝试寻求解决办法。

这时候我才知道一件让我震惊又无地自容的事情。在小会议室里，CEO 给我看了一封信，是前阵子发到她邮箱的一封举报信，列出了我的十宗罪，真的从第一条到第十条都是在严厉控诉我的人品，揭露我的主编工作不合格，要"弹劾"我，说只有把我开了，这位远程编辑才愿意继续做。

看到这封信的时候，我忍不住哭了起来。其实那时我已经意识到自己工作的不足之处，现在回头看，更多的是因为没有经验和足够的解决问题能力，并不是态度或者人品的问题，这样强烈的指责和背后动作让我一下子感到很羞辱和痛苦。

那天，CEO 告诉我，她是相信我的，如果不是我去找她，她根本没有打算把这封信给我看，也没有打算让我知道这件事情。我是她选的，她当然是相信的。正如她所说的，后来她持续对我严格要求，并支持我带出属于我的编辑团队。

这件事情给了我职业生涯很大的启发和力量。被信任的力量是无穷的，后来从 0 开始组建编辑团队，两年多的时间我培养出了好几个出色的编辑，也为公众号的读者带来不少好文章，为公司带来不错的市场效果。

那一次，我很深刻、很清晰地感受到了相信的力量。

再到后来，每一次带销售团队作战，我永远都是那个相信目标会完成的人，有困难就想办法。在做销售教练前，我带的最后一支销售团队的一次月战中，团队早就超额完成了业绩，但我觉得团队还有潜力，于是就又追加了新的目标，但是客观地说，要完成这个目标，我们就要啃一块非常难啃的骨头，把一个很难收回的账款收回来。

月末的一个傍晚，团队复盘，我继续鼓励大家要完成新增的额外业绩目标，当时我特别希望团队的销售冠军能够声援，但是她那天把头埋得很深，她说觉得太难了，不敢说是因为觉得没有什么可能。作为团队负责人，其实希望团队的中流砥柱能站出来支持你，那一刻，我确实觉得孤立无援。但在最后一天，我还是带着团队把这个事情做成了。

后来我送了这个销售冠军一句话，也分享给大家。

**你可以更强，只要你能更相信。从来没有什么十足的把握，只有相信有成的可能，用十足的劲才可能获得超过 50% 的可能。你怎么想，才最重要。**

所以，大家要做好一个销售，或者做好任何一件事情，为了避免自己"不相信"，不如这样做：

① 入职的时候，好好选择一家公司，要选择你相信的公司，你相信的同事，因为你是他们的经纪人。报名一个课程的时候，也要好好研究，选择你相信的老师，然后真心学习、好好吸收他的知识体系。我的学生经常回来感谢我把《顶尖销售的 18 大基本功》给他们，我说你应该感谢你自己选择相信我。

② 管理中用你相信的人，用相信团队和相信发展的人。我的管理课学员和我反复说过"老员工最糟糕的问题就是不相信、不坚韧了"。

③ 自己要相信自己，做自己的心理工作。先相信的人一定比看见才相信的人获得更多，管理者、创始人能到这个高度，因为他们都是最早相信、最愿意相信的人。他们也必须是最相信的那个人。

相信相信的力量，全力以赴，我们会得到很多善意的回报。

## 2. 觉得自己公司的产品不够好，销售要怎么办

"客户都觉得我们的产品贵。""客户觉得我们产品功能单一。""客户觉得我们服务迭代有点慢。"

面对这些问题，作为一个专业的销售，你应该怎么思考，要如何处理？销售要如何面对自己所推荐的服务和产品的弱点？

记住，没有完美的产品和公司，但是销售可以是它们完美的经纪人。

作为销售，你要如何包装自己的产品和公司？

怎么理解我们选择公司和业务呢？可以换一种想法：现在有很多足球俱乐部，水平和级别都不一样，足球明星都会有自己的经纪人，负责对外商务事宜。大家选择了进入这家公司做销售和品牌市场部门，其实你是选择做了它们的经纪人。把它们卖好就是你最大的职责，所以还没进去之前，你要做充分了解，要真心认可、喜欢才行。

已经进去，却发现东西总有不尽如人意的时候，怎么办呢？了解公司定位：很多时候我们的产品是定位后的设计，比如同样是时钟，有的靠颜值取胜，有的靠声音取胜，有的靠可以和手机连通取胜，有的靠以太阳能支持完全不需要充电取胜。关键是你要了解客户在意什么，总有人会被你突出的特点所吸引。

同样，公司能立足在市场上，一定有原因。你要先是公司的经纪人，包装好这个公司，知道优势，选择切面，坚持提炼。一位明星经纪人曾经说过一句我特别认同的话：与其暴露缺陷，不如选择优点的最大切面。

任何一件事都有两面，都可以有两个讲法，"客户都觉得我们贵，贵是因为我们的产品性能行业第一，迭代速度最快，使用成本最低。客户觉得我们产品功能单一，单一是因为足够专注，一根针捅破天。客户觉得我们服务迭代有点慢。有质量的迭代和深入的研发才是对客户真正的负责。"

好的经纪人可以把"白菜"好好包装卖出"白玉价"，但一个不好的经纪人，可以把"白玉"卖成"白菜价"。

当然，包装不能解决持久的客户价值的问题，用心包装之后，要怎么督促产品变得更好呢？

先做力所能及的事情，变好是一个正向循环的过程。特别是在创业公司，在资金有限的情况下，一般哪个产品好，公司才可能有更多的资金支持去优化这个产品，所以我经常和创业团队销售说，想要更好的产品，先需要拥有更多客户，然后就有资金继续去优化产品，形成正向循环。产品是需要投入来迭代的，这个投入包括时间、精力和财力。

有时候，你可能分不清一个产品卖不好，到底是销售的问题还是产品的问题。如果有流量且销售能力不错，产品还是卖不动，就说明确实问题在产品，那就需要和产品部门做充分的沟通。作为负责人最重要的是一定要尊重用户、成就用户，否则是持久不了的。

## 3. 自信是一股力量，千万不能有不配得感

销售是一个影响他人的工作，你自身的能量场是否强大很重要，这种能量场可以等同于坚定。坚定是出于对自己的相信，对自己公司、品牌、同事的相信。

很多人说我太内向了，不适合做销售。相信我，内向、外向一点都不能成为左右你是否能成为一个商业高手的因素，内向的超级销售多了去了。他们只是不喜和人畅谈，但是需要沟通的时候，他们擅长倾听，敏锐捕捉需求，沟通得当，非常有力量。那什么重要？是自信。

自信如何养成？我觉得以下三个要素非常重要。

（1）正向思考的习惯，告别习惯性否定

如果一个人比较积极，喜欢且习惯性地看到好的一面，常肯定自己，就会越来越自信。其实生活中有不少伙伴，他们非常棒，但是他们还是会习惯性地否定自己。叔本华在《人生的智慧》里很核心的观点是：你怎么看待自己比你自己是什么样的，要来得更重要。

（2）处于正面反馈的环境

如果一个人问我怎么更容易获得自信，我说要到那种可以给你很多正面反馈的环境里去，到爱肯定、能看到你闪光点的人身边去，我们每个人都需要得到外界更多的肯定。

（3）努力去拿实际成果来夯实自己内心的确定感

自信是很需要结果支撑的，有了结果就有了更多底气，所以去拿结果

是最直接的获得自信的方法。

我见过非常多的销售是自信的，但是由于内心的一些想法和认识，不敢和客户提钱，也觉得客户不应该付自己这么多钱，甚至有很多时候只能让同事配合来收款。这样的心理状态，通常是要花比较多的时间去调整的。

怎么去掉这种不配得感呢？以下方法值得管理者和你自己试试：

（1）为自己提供底气和价值认同

① 了解行情，定期同步更新竞品的情况。在充分了解其他公司和品牌是如何收费的及相应费用对应的服务之后，知道自己的定位、服务特点、功能性差异以及其他团队的动态。严格树立自己的标准，销售要知道自己的价格是客观的、普遍的，而不是自己随意开出的。

② 可以尝试充分参与服务产品的开发。销售要真心觉得我们的服务和产品物超所值。好的服务和产品不仅能帮助客户省时省力、止亏，还能帮助客户持续盈利，这样才可以更好地认识和认可自己与团队服务的价值。

（2）用赋能和培训加强底气

① 通过定期学习来精进业务。这个非常重要，如果对自己团队的产品和服务不了解，很难有信心。作为团队管理者，最好的办法就是帮助他们持续练习，从业务知识、专业能力、良好形象、积极心态全方位协助。

② 销售模拟。不管是电话、面谈还是陌拜都充分参与，了解销售方法，定期组织模拟，梳理异议解决方案，这样做会非常有帮助，熟能生巧。

（3）目标和欲望的并驾齐驱

① 制定清晰的薪酬激励制度——让每一次利益都清晰分配。这样团队成员在谈价格的时候不会有任何顾虑。

② 充分授权——让销售知道成本构成。比如有的客户即使亏钱也要做，有的客户挣下 X% 也要做，有的客户必须挣多少才能保本，如果你是管理者，要在培训中充分让团队成员知道成本是多少，充分授权，让他自信，心里有数，不需要层层请示。

（4）理念和价值观的影响

① 树立理念。任何工作的本质都是交换价值，各取所需，进而言之，任何工作的本质都是销售，只是形式不同罢了。

② 设置裸心会。让团队成员打开心扉，把过去、把不堪、把情绪抒发出来。

## 4. 不要讨好：销售是基于信任的价值互换

很多销售总觉得自己是在挣别人的钱，不敢去面对客户，觉得不好意思。只有我们深刻理解了销售是基于信任的价值互换，才能摆脱这些错误的认知。

我今天专门解读一下这句话，如果能理解这句话，大家就能真的理解销售为何？

**基于信任**：无信任不成交，这就是为什么你一上来就说产品，反而单子没戏，为什么后来客户会不理你，为什么感觉好好的但是最后败都不知道是怎么败的。不论你前面怎么做，做什么，记得都要先实现一个目标，就是建立双方的信任。

**价值互换**：你想清楚你给客户提供的是什么？这背后的时间、精力、资源和信息价值有多大？客户能给你什么？钱不是目标，钱是一种代表价值的公认的货币，所以你就要心安理得。当然，只有价值超过了预期，成交才会更快。

所以很多人做不好销售，不单是心态的问题，更是信念问题。包括：

① 不相信自己：只会越来越弱，要做积极的强者，不要做消极的弱者。

② 不相信需求：客户说不需要某产品，是真的不需要吗？有很多需求是真实存在的，只是客户感受不到。

③ 不相信价值：不知道、不清晰自己能带去价值，相信自己是可以为客户带来实际好处的。

**想都是问题，做才是答案。要做积极的行动派，不做负面的内耗者。**

# 稳定是一个销售的重要能力

稳定作为品质之一，肯定是各行各业、各个职位都很需要且广受青睐的。最考验是否稳定的肯定是高压的工作，而销售绝对是一个代表，而且销售工作是直接拿结果说话的。实际上，大量销售成绩忽上忽下，或者有时候就突然不行了。为什么会这样呢？

如果你也想做个大家都很喜欢、觉得非常靠得住的稳定的人，可以来看我观察了数千名销售后得出的结论：稳定，需要三个维度，结果稳定只是表象，三大维度稳定才能真的稳定。

（1）能力扎实

市场和客户是你不能挑的，你能做的就是稳定自己的章法，有策略地去应对。如果你没有好的销售习惯，大家都能拿下的好客户你拿下了，难搞定的客户你就看情况，有的捡，有的漏，你的结果必然不稳定。

所以，能力扎实，本质上是习惯好。为什么优秀的人会一直优秀，那也是由于习惯好的原因。习惯也就是我说的"基本功"。为什么那些高手能一直稳定呢，比如能很好地分析客户；能针对性地做自我介绍；不论急性或者慢性子的客户都能完美布局，让客户按照最快节奏成交；不论淡季旺季都能自己调节数量和转化率来保证成交的稳定。

（2）身体状态稳定

经历过病痛的人一定知道，健康有多重要。好的习惯、不熬夜、规律的作息、充足的休息、有节奏地调整工作安排，有助于我们保持身体状态的稳定。比如，我会根据自己的生理状态适时调节工作节奏。

（3）情绪和心态稳定

有很多人不是被别人打败的，而是被自己过去的失败打败的。比如，你的单子一直没进来，直接就蔫了，导致影响后面可能的成功。这个叫被过去打败，被自己打败。人最可控的肯定是自己，但是很多人一旦被客户激怒就烦躁不安，或者一失败心情就跌落到谷底。不能一会儿相信一会儿不相信。宠辱不惊、不卑不亢是每个销售都要学会的。

我经常和丹田族（九型人格中的分类）的学员说，和情绪相处是我们一辈子要修炼的命题。丹田族的最大问题就是非常容易受到外界的影响，很像火一样，火是热烈的、发光发热的、影响别人的，但是火的力量来自外界，风一吹，就会晃。所以非常需要训练自己的平稳度。

业绩压力大，要怎么办？如果是短暂性压力，我推荐几个自我放松的方法。

（1）看纪录片

我觉得这是非常治愈的方法，给大家推荐一些片子，比如《地球脉动》《我们的星球》《七个世界一个地球》《人生果实》《河西走廊》《女大法官金斯伯格》《人生七年》《人世间》，看纪录片可以转移注意力、看更大的世界，让自己眼里暂时不再都是目标。

（2）做不费脑子的事情，打造清新环境

比如我每次心情不好的时候就会收拾一下屋子，或者点上香熏、泡个热水澡，让自己放松下来。如果还是要推进工作，就做一些梳理工作，不用费脑子。

（3）身心调节

如果你面临着长期性压力和低沉的话，下面这些方法可以帮到你。

① 最简单的也最管用的是生理性调节，不依赖任何条件地调整衣食住行。吃清淡的，不要重油重盐，肠胃和情绪的关联是很紧密的。注意情绪的反馈，

早睡早起。早晨运动身体能得到疗愈。吃、运动、睡觉、郊游等都非常有效。

②降低要求，做自己力所能及的事情。

③去医院重症室附近看看，你真的会发现眼前的困难真的不算什么，健康平安是最大的幸福。

④和身边的高手对话，唯有灵魂能拯救灵魂。

用好焦虑、学会相信，成为稳定的自己，我们才能真正提高掌握幸福的能力和掌控自己人生的能力。

第五章

# 开启的力量：有效地和
# 对方建立链接

销售是商业主体两端的桥梁，桥梁最核心的价值是链接，所以"开启"链接变得十分重要。你可以好好想一下，是不是几乎所有的销售难题，都是在和对方开启"链接"的时候遇到的。

这种"链接"，包括第一次打陌生电话，在拨打陌生电话时频繁被挂断；添加潜在客户的联系方式却被没有被通过；主动想和客户在初次沟通的时候建立链接却没有破冰；和客户开完会议后没有获得真正的信任；还包括客户不再回复你后，没有方法再次唤醒客户的回复。

只有真正理解人性、懂得对方"想要的"，我们才能顺利地和客户在每一次接触中建立"链接"，销售就是在这样的链接中获得信任、传递价值从而成交的。我们来一步一步探索。

## 1. 如何在电话中和陌生人聊得下去、聊得好

电话销售是相对而言最难与客户建立链接的一种销售类型，比起能见面的面销、有势能的会销，电话那头是完全陌生且对你没有预期的陌生人。此外，现在的客户都已经接烦了各种各样的电话，所以销售电话的拒接和挂断率非常高。

怎么能让电话尽量有效，我们要把拟解决的问题很清楚地梳理出来。核心要点是：开头不被挂断，中间聊得下去，最后能够加上客户微信。

（1）第一个关键：开头如何能不被挂断

记住，开头不要说你是谁。客户不关心你是谁，之所以会问"你是谁"，本质上是他的不安全感在问你："你为什么会有我的联系方式？你找我干吗？"这个时候我们要做的是给他熟悉感和安全感。

熟悉感包括唤起回忆，比如"您还记得我吗？您现在不忙吧？"也包括找一个中间方作为过渡，比如"我是咱们之前上的××培训中心合作方的负责老师"借助××培训中心去过渡信任。

（2）第二个关键：中间聊得下去

其实打电话给陌生人，算得上是斗智斗勇的过程，谁显得轻松自然谁就赢了，所以电话中的语气一定要自然。非常重要的是，你可以准备电销的提纲作为参考，但是尽量不要一次说超过10秒，让人感觉你在运用话术，一定要像正常说话一样，我说一两句，你再说一两句，要像聊天一样有来有往，口气要自然。你越淡定，越是给人安全感。

来结合一个我辅导学员的案例分析。

学员原来的版本：

刘馆您好，我是北京××公司的yy，是这样的，我工作的上一家公司是C星公司，之前咱们××大学在举办会议的时候，C星公司是协办单位，我有幸参与协助这次会议，所以留了您的电话。今天给您打电话是我们××公司组织的读书日活动比较新颖，像中国政法大学、北京大学、北京师范大学等高校都已经开始做这个活动，所以想发给您看一下，您看您方便加下我的微信，我发给您吗？

修改版：

销售："刘馆好呀，还记得我吗？我是××公司的yy，上次我们在××大学举办会议，C星公司是协办单位，我们在现场打了招呼，还递了名片，好久不见，您记得吗？"

对方："记得/不记得。"（根本不重要）

销售："您记性真好/没事，当时人很多，不记得也正常，我可是对您印象深刻。今天给您打电话是因为我们××公司组织的读书日活动比较新颖，像中国政法大学、北京大学、北京师范大学等高校都已经开始做这个活动，效果很好，我想你们也用得到。所以想发给您看一下有关材料，我一会儿加微信发给您好吗？"

对方："可以啊。"（一般不会拒绝）

销售："这样，那我马上加您微信，备注是 yy，您现在通过一下，一会儿微信上沟通，谢谢您的时间。"（马上去加，加两遍）

学员实战效果反馈："卷卷，按你说的改了一下，马上加上了一个客户，感觉太好了。你的那句'要像聊天，不能像话术'才是问题精髓，感觉你说话的感觉，跟他不是一个层级的，我自己写的话术还是之前电话销售思维的那种，感觉姿态很低。"

除了口气，能真正地聊下去需要找到客户最核心的利益点，我分享一个亲身经历的例子。

在过去的创业经历中，我委托了一家朋友推荐的提供注册和财务服务的企业服务公司，在我正式提交申请到执照正式下来的前 1 天，就已经有 4 个财税服务公司的销售给我打电话。作为销售教练，为了多研究一些销售，我接电话也比原来更有耐心。我特别观察了一下销售们的表达和技法，结果 4 个里有 2 个让我比较愉快地挂断电话，2 个后来又主动加我微信了，但是这 4 个人都没能让我同意加微信。

那我们来分析一下，他们为什么没有打动我。我觉得这是非常好的案例。为了可以反复琢磨，我还原一下他们打来的差不多的三轮对话。

第一轮："卷总，我们是 ×× 财税公司的，请问您需要银行账户办理和财税代理吗？"

我："谢谢，我已经有服务商了。"

第二轮："您可以考虑一下我们，我把价格服务等给你看一下，此外有各种相关的问题都可以咨询我。"

我："不用了，现在这家服务还挺好的。"

第三轮："那我们加一下微信，之后有什么需要，包括疑难问题等都可以沟通，我加您。"

我："不用了，现在挺好的。"

第一轮为什么我没有加？因为我觉得没有什么必要，没有什么价值。然后聪明、勤奋的销售还会继续加我，但是大家看一下他们的备注：

"你好我是××财务××，疑难注销资质办理相关事项疑问可咨询。"

其实，当时我就想到了很多的解决思路，后来学员践行后都说很有用，我也在这里分享给大家：

① 使用行业化思维来满足客户

如果你打电话，可以多问一个问题：您具体从事哪些业务？我们做了各行业在税务上可能的风险点梳理，想送给你，交个朋友也是好的。

② 抓住客户在服务中的痛点思维

比如，现在这类企业服务大差不差，什么能吸引人？几乎都是响应速度的问题，就是哪家能更快地回应客户的需求，就是最能吸引一部分客户的优势了。比如和客户说：您这类业务开单子特别多，客户最需要的是高效及时开发票。然后你可以讲为什么我们的服务可以很快。

③ 独特价值

比如为您搭建同行圈，我会给初创企业提供一些常用的合同模板；或者有额外赠送的服务，比如给新注册1年的企业一个专门的提醒表之类的。

核心思路就是你能给客户提供的独特价值，这个是你用心想过的，准备起来都不难，还可以包括合同模板、行业常见的税务问题等。这样的方法会让你的客户对你耐心很多，且大概率会愿意添加你的联系方式。

（3）第三个关键：也是最重要的一步，即能够加到微信

很多人没有理解"链接"的本质，非常容易在被客户拒绝后就挂断电话。

比如，以下场景就经常发生：今天管理者给你一些联系方式，让你打陌电邀请大家来参加活动，你很努力、很积极地打，但是有的客户因为时间冲突参加不了，你就这样结束了一个非常有价值的电话，开始邀约下一个客户。

问题出现在哪里了呢？大家可能忘记了邀约本身并不是真正的目的，我们邀约客户来参加活动，这是希望建立一种链接，打电话也是一种链接，殊途同归，都是希望能够和客户产生长期互动，并在之后有机会合作。所以，千万不要挂电话，一定要加上客户的微信。

能加上微信，除了在沟通过程中，要给客户足够明确的价值，还要避免自己再次被拒绝，所以要准备2—3个退路，比如财富经理打电话链接老客户的第一个链接点是课程，课程被拒绝了可以给产品做对比服务，有一个资深顾问可以提供行业信息。要尽量做到让客户难以拒绝你。

最后一个是加微信要快，而且连续加两次，原因很简单，这能表达你的重视。


## 2. 如何让客户愿意加你的微信

除了上面的电话销售，销售在日常为了增加自己的私域池子和产生更多的链接，都需要主动加人微信，那怎么加才能最有效呢？我将分门别类为大家梳理。

（1）社群添加

如何判断是否要通过你的好友申请呢？其实是一种综合判断，最容易被拒绝的就是一上来就是广告的。一般而言，看名字、头像，真人通过率高，非纯广告的通过率高，让人觉得有质感的通过率高，所以你的微信基础设置就非常重要。我经常和销售们说，要让你的微信和朋友圈变成一个"商场"，让人爱逛、想买。如果是在比较有质量的群里添加的，建议不用改备注，群背书就够了。

（2）电话添加

说一下刚刚通过电话／说明下一步动作：我加您微信，一会微信给您发 ×× 资料／内容；而且是打完电话立马添加，如果通过得不快，建议可以加一条短信提醒。

（3）陌生添加

纯陌生添加，最好的方法是找"钩子"并备注真名。比如，我对粉丝加我的微信，如果是"×× 平台粉丝＋名字"，通过率自然会高。另外，大家添加一些前辈或者有自媒体的人，用粉丝的身份添加是比较合适的，原因是所有人都喜欢重视、喜欢自己的人。

（4）对大佬、前辈等有事相求

最好的方法是表达认可＋说明来意，在沟通中还要注意展示你能给对方带去的价值。

最后，再分享三个小技巧：

◆ 一次加 2—3 遍微信，表示重视，通常通过率会比较高。

◆ 你的微信基础设置最重要。所有人都喜欢比较得体的人。

◆ 电话结束的时候，要反复强调添加微信的事情。

## 3. 加上客户微信就发产品资料？大错特错

你是不是也是加上客户微信就发产品资料，最后客户就不了了之的那种销售？你是不是觉得不对劲，但是也不知道怎么做？

我先问大家：产品资料有那么重要吗？其实真的不重要，而且产品资料做得再好，也没法让人清楚地了解这东西是否适合自己。

我再问你：让客户看产品资料真的重要吗？也不重要。你想想，一个人会在什么情况下去花时间看一个产品资料呢？只有真的感兴趣，真的需要时，才会去看。

所以，一上来就直接发产品资料的销售，不但不理解销售究竟是什么，还是在大大地偷懒。销售的工作绝对不是介绍一个产品还拿一个成型的资料去介绍的。如果这么简单就能成交，那为什么销售可以拿高薪呢？

那真正会开启、会链接的销售要怎么做？加上客户微信后，请务必这样做：

第一，一定要认真地自我介绍一下，最好直接突出你对客户能产生什么价值。

第二，尽可能地和客户闲聊起来，让客户对你个人更喜欢，同时了解客户更多信息。

第三，等客户主动提出要产品资料后再给，并且尽量见面、电话和视频沟通，产生更多文字之外的沟通方式。在增强信任的效率上，见面沟通 > 语音沟通 > 文字沟通。

发产品介绍本质是我们和客户链接的一个"引子"，客户愿意看产品手册，等于他有相关的需求，仅此而已。作为专业顾问，发手册不是目的，而只是和客户建立联系的途径和方式而已。所以，不要把发产品手册当作目标动作，并且这也确实不是我们的沟通优先级。

为什么要这么做呢？销售的关键是要获取信任 + 满足需求。记得我反复强调的一句话：销售是基于信任的价值互换。

你一定听说过：厉害的销售都是见客户 1 小时，用 45 分钟探讨问题和需求，用 10 分钟讲产品，最后能成交。这 45 分钟在干吗呢？其实是在了解和确定需求，并且形成信任。所以，**销售 90% 的动作都要用于建立信任，10%才是用来成交的**。

## 4. 和潜在客户沟通，怎么能有效破冰

不得不说，现在销售作为一门专业训练，是因为客户的反销售意识越来

越强，比如做销售有了破冰意识以后，特别痛苦的事是客户根本不接你的茬，百毒不侵地拒绝你的任何破冰手段，导致你的销售胜算大大降低。

大家可以想象一下，如果你和客户没有打破挡在彼此之间的冰层，即使冰是透明的，你们可以看到对方，也能做初步交流，但是怎么都没有办法顺利牵手，也没有办法真正靠近彼此。没有破冰，就不存在"私交"。

和大家分享三条我的实战方法，特别是最后一条，特别诚恳。

第一，破冰最好是由客户来破。所以，做销售要主动放开自己。具体行动是，在你和对方认真做自我介绍的时候，可以多放一些对方可以链接你的点，比如家乡、星座、爱好等，你的朋友圈要有更多的自己，因为这样不仅让对方感受到你从内心想要和他建立链接，也是尽量给客户找到和你主动链接的机会。

第二，破冰没有破开，还有一个困难点，就是客户单刀直入只问价格，遇到这种问题你要如何处理呢？答案就是上升维度谈话题。客户一来直接问价格，你可以先问他："您了解过我们品牌吗？"客户说没有，你就聊品牌，如果客户又打算追问价格，你再问他"您看到我们产品的指标了吗？"比如房子你可以说区位配套和交通，这些是对客户很重要的差异化特性，客户也应该知道。

此外还有一个方法，就是聊行业问题，主动告诉客户你知道的各种他会感兴趣的变化，比如做外贸的，你告诉他最近其他外贸商家是怎么改变销售策略的。

第三，如果你试了非常多的破冰方法还是很难成功，我建议先放下破冰的执念，记住你是去满足需求的。

单纯拉关系套近乎没用，你当然想和客户套近乎、拉近关系了，但是现在大家反销售意识都很强，如果你过于刻意，效果反而不好。记得，客户来找你，就一定是有需求的，所以你可以专注于问他需要解决的问题和需求是什么，你来给最真诚的建议。破冰只是为了提高成交概率，但不是必须的。

在实战中，最容易不接受破冰的是脑族客户（九型人格中的分类），这类客户只关注他们需要的事情和信息，所以对破冰的行为无感且容易有防备，但是只要他是真心需要产品和服务的，基本都是已经在各个渠道对你做过研究了，是准客户，最适合直接满足需求。

## 5. 怎么能让客户同意和你见面

在和客户建立初步链接后，真正要研究清楚客户的需求、建立信任，特别是大 C 和 B 端业务中，成了一个必须做的环节，但是非常多的销售在这个部分卡住了，很难约到客户的见面。到这里，大家应该感受到了，做销售是要解决一整串的链接问题，环环相扣地"开启"再深一点的关系。

我们这个问题，先从一个小故事开始分享，这是有一天我的学员问我的问题。

卷卷，看到你在群里的回复，有个问题困扰了我很久，我不知道怎么去和客户发起一次面访，我两次采用 18 大基本功中的花式跟进法，一次是分享了客户需要的英语资料，另一次借由元宵节送一箱水果作为礼物，成功让客户回复我，且态度不错，这是个大公司，我觉得他们不缺供应商，但是一直不知道用啥话术好。

我当时的第一反应是，想看一下这个学员的朋友圈。她以为我说错了，我说没错，我想看你的朋友圈。然后我看了她的朋友圈，大概内容是：一周发一次朋友圈，都是公司的文章或者产品广告。这样的朋友圈几乎等于在描述一个经验欠缺且没有个人魅力的销售。

"客户为什么要见你？"这个问题很值得深入解决。

在我看完该学员的朋友圈后，我问她："如果你是客户，用这样的朋友圈形成对你的判断，你会愿意接受约访吗？"

我的学员思考了一下，说："不会。"

我想她意识到了问题所在，一个人愿意见另一个人，是需要一些理由的。他们可能是：

第一种，你提供了他需要的价值。要么是产品本身，要么是你的额外价值。其实这个比较难，要么对方真的急需你的服务，他就会主动；要么就是你需要更主动，你去推广产品，那可能就遇到这个问题了。

那要如何解决？这时就非常依赖你给客户提供第二种理由：你这个人让她好奇了／对你印象很好，愿意见你一次。销售本身如果有闪光点，或者让客户觉得你或优秀或有趣，甚至是好看，都是在给客户和你见面的理由。

你没有先"卖"好你自己，客户就没有欲望和理由和你见面。所以，不论是各种社交媒体的信息设置，还是一个用心的自我介绍，一个好好经营的朋友圈，都是你作为个体必须的呈现。

所以，如果你在苦恼为何约不上客户，问题可能是你根本没有给客户见你的理由。你的朋友圈是否有你自己的生活，有你的思想，有你的特质？所以，做销售，就不要再跟我说自己不想发朋友圈了。

解决完这些，我们再来分享有哪些有效的约见客户的理由，包括但不限于以下几种：

① 你发现了他的潜在问题，带解决方案给他和团队。

② 和客户汇报一下你们的发展，交流最新行业资讯。

③ 要去见另一个客户时正好路过他们公司附近，去看看他们／首次拜访。这种约访也能减轻客户的心理负担。

④ 发现了可能的需求，帮他们链接和介绍资源。

⑤ 根据客户喜好，约客户一起去相应的展览或者沙龙，比如品茶会、咖啡品鉴会、行业峰会、展会等。

⑥ 近期行业有大的动向，交流沟通各自的看法。

⑦ 向客户请教有专业度的问题。

## 6. 去客户公司讲方案，开场白如何设计

在 2B 的场合中，经常我们要带团队，比如技术团队和客户方一起开会。很多新销售对这件事感到很怵，今天我来手把手地教你，效果很好且高效、强舒适度、有很好节奏的开场。

这种见面会在销售中是很宝贵的，这是我们和客户开启深度交流，也是在客户面前展示你的职场魅力的关键场合。销售在双方会面中，最佳的角色目标定位是：统筹者、黏合剂、翻译官和合作促成者。

**统筹者和黏合剂**：你要作为这场会面的两方的总协调，所以务必做的是在见面的时候相互介绍，一般是我方先介绍自己，然后再请对方对接人介绍客户方团队。记住，你要很快定位每个人的影响力并记住他们的名字。双方一定会相互夸，你要帮技术人员和现场人员找链接点。核心的是在这个过程中，你熟悉了对方的情况，所以提前做研究工作就非常有必要。

**翻译官**：要把双方的话翻译一下，适当做总结。

**合作促成者**：也就是销售最重要的工作——促成交易。

所以回到这个目标，我们的开场白要怎么做呢？

我为大家准备了一个疫情时期线上开会的范例：

特别感谢大家今天为了这个技术会议专门腾出时间，我是卷卷，此前一直是我和刘工保持着联系，刘工特别细心和专业，在我认识的所有技术对接人中是很出色的。疫情期间见面不容易，相信线上会议也一样可以沟通得很清晰。

我先向大家介绍一下我和我们团队的李工，他此前和我一起负责了 ×× 项目，他是我们公司技术人员里最有人格魅力的后端了，今天由他来讲技术方案。刘工可以为卷卷和李工介绍一下今天一起参加会议的同事。

对方介绍完后，你可以说：

今天我们这样安排，我做一个简单的开场，让参会的××（这时候一定要记住大家的名字）了解一下我们和我们做过的同类型案子，然后由潘工来做技术分享，我们再对问题进行探讨，你们看如何？（这时候对方又会停下来，再次互动）

然后你就介绍公司和同类案例，这中间还要问一些补充信息，接下来请李老师给大家做一下讲解……

总结一下这个模板的底层思路。

开头的核心内容是：

① 感谢大家的时间，这是很重要的职场素养。

② 开场介绍一下自己和团队，主要是背书、找链接点、说明一下安排和原因。

③ 高效介绍一下公司、要汇报一下同类客户案例和本次交流的目标效果。

中间的部分要及时互动："关于这个部分，有什么问题？"如果可以，就当场解决，不行也要耐心记录，说××会讨论后回复。

结尾要怎么做？

① 给结论：解决了什么，待定的是什么。

② 给动作：双方需要分别在什么时候做什么。

## 7. 首次怎么和客户介绍公司

讲好公司介绍PPT是销售拜访客户要做的第一件事，但是我保证90%的人没有把这个事情做及格，也许你看完这部分会恍然大悟，自己之前确实把它当作必讲的流程环节，客户感觉必须听，你感觉必须讲，但效果不佳。

非常多的销售手里的公司介绍PPT是这样来的，内容框架大概就是关于我们、公司团队、企业荣誉、产品介绍、合作客户，销售心里也觉得这就是一个流程，必须讲，公司有 PPT，那就去讲吧。

很多人先犯的第一个错误就是，做 PPT 的人觉得把这个介绍文件做得好看就完了，交给你的时候，你觉得包装得高大上，但制作时 70% 甚至更多的时间花在了把公司墙上的公司信息搬到了 PPT 上，其实这是把重点完全偏离了。

实际上，PPT 从来都只是演讲者的辅佐，不是最核心的东西，把 PPT 做得花里胡哨，一堆动图，一般的演讲者没有办法很好地控制，导致现场播放容易卡顿。客户听了也没什么反应。

正确的方式是：把动图等尽量做得简单大方，拿来的模板参考一下，尽量用公司主题色，上面加上公司的 Logo，然后花 70% 的时间在内容打磨上。

那你可能会问，具体要怎么做内容设计？我给大家梳理了几个关键点。

如果你所有的企业是大公司，你的内容重心应该是：讲企业的资质、积淀；讲客户案例，突出服务经验；讲本次来的团队的服务能力；讲如何安全、合规地服务好客户。

具体怎么做呢？从客户发问的视角来讲，你可以这么说，我们拜访了很多企业，也达成了合作。举个例子：

大家在初次见面的时候，主要对我们有以下疑问，我们都可以非常好地解答。我们为何可以做一家靠谱、诚信、长期的供应商 / 服务方，大家好奇的是：

1. 今天这个业务是怎么发展起来的，我们有哪些优势？

回答这个问题，用企业的发展和积淀，以及企业的实力和现有产品线。

2. 我们在同类客户服务上，有没有足够的经验和解决方案？

回答这个问题，用客户的痛点梳理和公司服务的几个类似的案例，这时候要深入讲案例。

3. 本次我们非常重视这次见面，来的团队成员都是谁呢？

这是一次自我背书的机会，主要从成员可以为客户带去价值的角度来夸一下自己的团队。

4. 公司在服务上的保障是什么？

这时展示一下自己的优势，记住，这个优势是客户希望你有的优势。

如果这次是深度的技术交流会，我们就要把产品介绍和演示作为重点放到后面去，前面讲一下产品线就行了。

大家肯定还有问题：如果我们是小公司/初创公司，没有那么多可以包装的，怎么办？

初创公司，核心是包装创始人和定位差异化。首先，创始人指的是你的老板，他们身上有没有可圈可点之处。此外，技术实力也很重要。其次，你们做的事情，既然值得建立公司来做，那肯定有自己的差异化，要从客户的需求出发去讲差异化。

最后还要强调一点，每次去新客户那里，都要对客户案例和最新的客户数据做调整，10分钟足矣，要做到熟悉，更加熟练。

另外，切记你才是全场的主角，不是PPT。气场要拿出来。气场通过不断训练就会有，这是2B销售的基本功之一。

## 8. 怎样把握跟进的节奏

怎样的跟进频率才是最佳的呢？这是很多销售在实践中感觉到很苦恼的问题。跟进是保持链接的关键。所有值得跟进的客户，其实销售在前期都已经付出了特别多的努力，如果不跟进，可能会是一场空。

关于跟进，我给大家讲一些关键的思维和习惯。

跟进的节奏应该是上一次沟通就基本确定下来的，厉害的销售会在前一步结束的时候，和客户约定下一次大概什么时候、做什么沟通。所以，你可以据此预判周期和下一步动作。

非常重要的是，跟进之所以不应该是每天都去找客户，是因为跟进的本质应该是有效沟通。所以，跟进动作的质量很重要，我们需要的是有效跟进。

**有效跟进 = 客户会回复 = 有效沟通。**

跟进不等于在微信上反复问，而是让客户看到。好的跟进，聊天内容不一定是和销售业务有关的，只有聊上天，进行沟通，即实现了你问我答，才算跟进。一个人说话不叫跟进，让客户回复才是关键。我在《顶尖销售的18大基本功》中分享我独创的花式跟进法，就是一套让客户回复的解决方案。

当然我说跟进质量很重要，并不是说跟进的次数就可以减少，但是跟得要紧，不代表跟得次数要很多，要频次适度。怎么判断跟进频次是否适度？有个方法来判断，就是如果你平时总是比较收着，不大好意思去主动找别人、比较被动，你就加多频次；如果你平时就很猛，单刀直入，就减少频次。

当然，跟进是为结果服务的，不论白猫黑猫，抓到老鼠的都是好猫，有的销售过分在意客户的感受，怕跟进多了客户烦，实际上客户的反应不是最重要的，不要怕问多了客户会生气，对结果有效就是标准。

## 9. 客户不回复你了，你要如何重新唤起回复

接下来要分享的这套独家跟进方法，在过去帮我的团队累计追回了近千万元的业务，最长跟进了一年半的客户也成交了，跟进了数月成交的也不少。

客户刚开始答应考虑一下或者在某个时间回复，销售感觉能成交，但是后来怎么发微信跟进客户都不回复了，怎么办？

我先问大家三个问题，再谈跟进的事情，因为问题可能是在基础信任和需求方面没做到位。

① 是否充分建立了信任？什么时候客户还会给你机会？就是在已经不需要你的产品，还愿意跟你做个朋友，就是你在他那里不只是一个销售，你才会有足够多的机会。

② 你是否充分地了解客户的需求、决策机制等？如果答案是否定的，你

可能被客户忽视了也不知道解决机会藏在哪里。

③有没有和非关键人也保持着良好的关系？如果是，即使核心决策者不理你，你也有自己人愿意告诉你一些信息。

其实客户不回复无非有三个原因：

①想了但是没有想清楚，或者有其他事情没有时间想，这件事不在他的优先级中。

②信任你，但没有感受到价值和必要性。

③信任感没有建立好。

客户不回复究竟是为何？具体要怎么做？千万不要再发"王总您考虑好了吗""李小姐您想的怎么样了"。

把你手里面这种长期跟进不回复的客户列出来，分为三类，我手把手地教大家不同层级的客户要如何跟进。记得，可能一次无效，但是三类都坚持用过了一定有效。

第一类，最优的客户。他们其实对你也有信任，也觉得产品可以买，但是有点犹豫或者有点忙，这种情况一定要坚持跟。对这类客户发什么？主要发三种跟进信息：

①是别人因为你的产品变得更好、获得价值的反馈和感谢。

②能够很好地阐释现在是最佳购买时机的证明，比如你现在有真正的特价，真正是最好的加入时间的说明。

③发你对他动态的关注，然后给他一些可能需要的东西、资料和信息，比如他的同行怎么做。

第二类，这类客户是信任你的，但是对于你的产品对他有没有价值了解得不够充分。那么，你可以怎么做？

①发同类客户的反馈。

②回到他的需求，你自己给他写一段真心的建议。

③和他分享你最近的进步和动态，也侧面展示很多客户和你合作了。

第三类，其实是因为你的销售流程不够好，客户对你没有足够的信任。先说前提：就算是这类客户也一定要跟进，但是我们要跟的真客户是真的有需求的。如果你跟进那种虚假问价或者不是真的想获得你的服务的人，性价比就比较低。比如，你在没有信任时就讲了产品，没有价值时就报了价，那你就得从头再来了。

① 发你认为对她有帮助的资料。

② 真诚地关心对方的生活，先和他做朋友。

为了避免这种情况出现，我们要如何做？

① 不要急于求成，刚开始认识客户，不要直接说服务和产品，要先"卖"好你自己。

② 没有足够了解客户，不要说产品。记住，销售是服务，不了解客户，只记得推产品，你怎么能满足对方的需要呢？

③ 不要忽略任何一个人的关系，保持礼貌和重视，在很多单子里，其实最后起作用的都是那些默默无闻、不起眼的对接帮手。发展全面客户关系，你才能提升获胜的概率。

厉害的销售都是步步为营，不在任何步骤下漏掉重要环节。销售永远解决的是信任的问题。

此外，有些客户就是长期不回复。客户不回复的时候，要记得保持不卑微、不气愤，这非常重要。特别是如果你是服务者，你还是要不卑不亢，客户是会看到的，你要保持情绪及心态的平和。

## 10. 如何唤醒沉睡的老客户？给你五大思路

你的客户清单里是否有一批你很想去唤醒的老客户？或者你入职后，接了一群老客户名单，不知道如何去建立信任和唤醒？直接去说业务？千万不要。可以用我分享给你的这些方法。

（1）从和客户请教问题开始

可以是你现在遇到的一个困难，你就说："我觉得您是专家，像咱们这样的企业通常是怎样应对 ×× 问题的？"客户会很高兴，因为你认可他的专业。跟你分享后，你可以再过一阵子和他说："上次你提供的这个建议特别好，对方已经采用了，效果不错，我觉得也很适合你们，要不要一起试试？"

比如，客户写了本书，你可以看了之后去反馈你的真实感受，比如写了文章，去分享你的个人收获。

（2）从利他开始

从过去的服务印象和最新的动态或他的职位去洞察对方的需求，从同步和分享对方可能感兴趣的新闻开始。想想对方之前有什么需求，你是否曾有好的资料分享给他？比如，最近做的一份对他来说有参考性的解决方案。

（3）从保持互动开始

可以是朋友圈点赞、留言，也可以发布一些对方关注的信息。

（4）从共同的兴趣开始

比如，有一天我收到别人根据我的气质推荐的衣服，给我推荐的一家餐厅，邀请我进了一个展览会的信息同步群，或者邀请我一起去一家特别好的咖啡厅。

（5）从分享同行案例开始

特别是做行业的，都关注同行的发展动态，通过分享案例可以给客户提供行业视角，比如做外贸的，可以分享如何安排好货品，从而在物流上节省一笔钱。

但是你要做的是回到本质，把客户不知道的让他知道，需要知道的让他知道，你们才会更好地重新建立链接。

销售就是一个通关游戏，在一次又一次的开启链接中，把最好的价值送到最需要的人手上。

第六章

# 在高度舒适且有掌控力
# 的沟通中完成销售

销售的环节永远离不开沟通，这也是为什么沟通能力是销售的核心能力之一。

销售在不断建立信任和解决客户异议中完成，高级的销售必须是一个沟通的好手。这样的销售很高级，需要你会舒适且高效地沟通才行。

沟通和表达不是同一种能力，表达只要负责和多方讲明白、传达好，是单向的。沟通是基于某个目标的对话，是双向和互动的。

沟通好，需要先听懂、会问和能说得清晰又得体。你认为销售会听、会问和会说，哪个更重要？

会听：能听懂行业、产品和客户需求的背后用意，实际上是考验三大专业能力。行业专业就是借助客户谈论商业的几句话，就能理解他的"骄傲"和"焦虑"，听他讲产品的角度，就知道他的认知程度等，这个叫会听。

会问：提问的内容非常重要，提问更能表现出一个销售是否真的资深和专业，是否能问得切入重点，关键是思维能力。

会说：这几个里面，会说是最为简单的事情，是通过表达、沟通去影响我们的目标受众。

在我看来，能听懂是基础，会问是高手，能说得明白又舒服是必备的能力。

我们要避免以下"不高级"的沟通问题：

◆ 说话毫无逻辑，想到什么蹦出什么词，让对方觉得不专业。

◆ 喜欢群发微信和短信，没有针对性地进行沟通，没有视人为人。

◆ 喜欢用"哦"、乱用标点符号，比如"好的……"。

细节是魔鬼，一个沟通高手首先要对文字和用词敬畏。我非常建议销售多写多讲，因为多写多讲表面是在训练表达能力，实际上更多的是训练思维能力，即能很好地理解、总结和传递价值的能力。

很多人会赞叹：为什么高手在和客户进行沟通表达时会那么令人舒服又有逻辑呢？

当我发现大部分销售遇到的难题其实都是沟通表达及其背后的逻辑难题时，我总结了一系列场景下的沟通方法和自我训练技巧。

这里要提示一个非常重要的注意点，是很多销售没有意识到的"说清"。我们要让客户成交，需要做到说清、说服、说动，其中说清是第一位的。

说清，顾名思义就是说得很清楚，让人理解。实际上很多人并没有做到这一点，但是是没有意识的，这是认知偏差，或者说是知识诅咒。也就是说一旦我们知道了某件事，我们就会假设其他人也同样知道这件事。

举个例子，保险行业或者银行的从业人员基本都知道"开门红"，从业人员经常会告诉别人最近我们"开门红"，但是很多人其实并不知道什么是"开门红"。我在保险行业学员身上测试了很多次，让他们用自己的话跟我解释一下什么是"开门红"，只有一个人说得很好，他的答案是"金融行业的618和双十一"，而其他人说的都非常难以理解。

又如，外企的员工经常习惯性地蹦英语单词，做国内业务的主管可能听不懂也假装听懂了，这就是没有"说清"，所以对方不可能被你说服。

再比如，你向一个行政人员或采购说明一个产品，和直接对接业务人员的情况就不同。你务必要从头梳理这个新种类是怎么产生的，背后的方法是什么，怎么使用。

比如，我曾负责过一个AI技术翻译的工具，使用的律师和法务经过测试后都很明白这个工具的价值和便捷性，但是每次换成行政人员或者采购来对接购买的时候，他们的本能反应就是，难道不是用人工翻译吗？什么是机器翻译？这个时候我就要从头和对方讲讲新技术是怎么落地和在业务场景中发挥作用的，背后的方法是什么，以后你要怎么用。

所以，在销售实战中，我尤其注意"说清"这个环节。

你真的能让别人理解你的话，你才可能说服他。大家可以好好反思一下这个问题。很多人没发现自己的问题，很多人的问题没被指出，但是我真的发现太多次了。给大家提个醒：要说"人话"，让别人真的懂你的意思。

# 沟通舒适的三个精髓

你是不是想做好销售，但是表达不好，觉得自己嘴笨？你是不是觉得自己很内向，说话不快，没有气势？或者你文字沟通还可以，但是每次一张口说话就毫无逻辑？当你表达不好的时候，就会自我批评，最后干脆不爱说，越来越负面，导致你缺乏自信，业绩也自然起不来。这种情况在很多新手销售身上很常见。

其实要想变成沟通高手，确实可以通过训练实现，我观察到沟通好的销售都有共同的特质，就是能做到有逻辑感、有专业度且有一定的感染力。

## 1. 训练出逻辑感并不难

其实，我第一次站在很多人面前主持的时候也是声音和两腿一起颤抖，到后来可以很自然地给几百位管理者讲课，做到大家认为的"你好像可以张口就来，还表达得这么清晰和舒服"。如果你以为我天生就是这样，那真的就大错特错了。我把自我训练的核心方法分享给大家，只要做 5—10 次，就会有非常明显的进步和改善。

（1）输入输出日常的实战法

有些人说表达不好要多看书，多长见识，因为肚子里没有东西，自然说得不好。这句话其实是有问题的。对的一半是，认知确实很重要，但是有内容不代表能说得好。所以，我给大家介绍一个超级好的合二为一的方法：输入输出日常的实战法。

比如，你今天看书了，你学习了，你看到一个东西有观点了，你就一定要找个人表达你的观点，看了就要说出来或者写出来。可以在一些熟悉的社群和朋友圈表达自己的观点，分享自己的输入。

落地实操方法：将每天表达一次观点、总结一次，变成你的训练。要对谁分享呢？建议从喜欢你的、亲近的人开始，特别建议先去能给你正面反馈的地方分享。

（2）快速手写框架和打腹稿

你可以和我一样在每次做重要表达前，用框架梳理法，工具不重要，不论是打草稿列提纲，还是做思维导图或者列一个清单，抑或是你脑子里迅速过一遍要点。最简单的就是总分总方法：观点+论据+最后的观点重述、共鸣和激活。

落地实操方法：在你表达之后，回顾一下对方是否理解和能接受的程度，每次回去之后想一想，下次我怎么讲会更好？下一次做一下调整。销售每次面谈客户，真的都是一次极佳的自我训练。

最后，我再强调一下两个关键性的认知：

第一，没有谁天生是口才极佳的，没有几个沟通高手不是经过特意训练的。解决问题的最佳方法就是直面问题，而不是一有问题就逃避和气馁。每个人的自信建立都需要一个契机，不论是某一次特别好的表现，还是每次一点一点地进步。重点是你得先做了，才会有这一点点进步。多做，从小场景开始训练自己。

第二，伶牙俐齿并不是好事，表达之所以有力量，是因为你有独到的想法，你有坚定的目光和真诚的态度。所以，我们的目标是能够影响别人，这就够了，而且进步是无休止的。

## 2. 增加专业感才有说服力——从反面例子学习

专业感，不是有逻辑感就行的，而是要先避开"不专业"感。

根据《哈佛商业评论》，线上视频和网络销售已经成为主流销售方法。大家一定都已经感觉到，很多销售都必须有很好的微信沟通能力。做好文字表达，要做到让人舒适。

在这里，我专门讲一下销售微信沟通的减分习惯。当前，微信已成为非常普遍的跟进工具。纯文字沟通的优势在于随时可看，劣势在于表达情绪和状态是无法到位的，再糟糕的就是根本不注重对方的阅读体验，大家可以对照一下。

① 没有用任何标点符号，连成一片表达，长段的表达更是没有分段、分行。这个非常影响视觉体验，特别是在比较长的文字里。要分段，段落和段落之间加空行。养成这个好习惯是因为我做新媒体主编多年，训练出来对于排版的基本要求。这一点实际上在表达中也非常重要。

② 动不动就用感叹号。感叹号是语气强烈的意思，比如是震惊、特别开心，但是我经常看到："王总好！特别高兴见到你今天！"其实挺吓人的，也不知道你到底哪句是真强烈，哪句是乱强烈的。这其实是职业感/商业感中，过犹不及的表现，就是表现得状态过了，不需要编辑得那么严谨，但是基本的还是要遵守。

③ 表达中有一堆错别字，这也是非常不职业的做法。

④ 一定要配合表情，非文字高手是很难用简单的文字很好地表达情感的。文字经常无情感化，所以适当配上表情，可以更好地传递情绪。

但用表情还要用对，比如，死亡微笑（😊）和"哦""呵呵"，"80后"认为很正常，"90后"却很恐惧这些表达。

⑤ 微信的基础设置随意设置，头像、签名、地点、朋友圈毫无章法。客户一定会去翻你的朋友圈的。

⑥ 事情能简短说，就不要长篇大论。

⑦ 在没有预期的情况下发长段的语音，不熟悉的时候不用文字而是直接打语音或视频，特别是在深夜。这些都是非常没有礼貌且不职业化的。

⑧ 表达舒服要注意信息和情绪的配比。我之前说过，如果一段话全是信息，就会没有人情味；全是情绪，就会没有客户需要的信息价值。没有人是真

的只想要情绪价值和工具价值其中之一的。

⑨ 写朋友圈表达也是写的关键，大家影响客户，很大程度上是通过朋友圈来完成的。

⑩ 怎么避免忘记回复客户和伙伴，可以将没法及时处理的聊天进行以下处理：一是先置顶聊天框，二是设置为未读，三是列入你的 To Do List（待办事项列表）。

## 3. 你的表达怎么变得有感染力

从能表达得有逻辑，到有感染力，需要改变的是表达习惯。

销售想要在有感染力上变得很出色，要有四大表达习惯：

第一，学会多用形容词形成画面等。一个好销售在成交中能像一个画家一样给客户描绘成交后的美好场景。让表达有画面感是非常重要的。举个例子，你邀请一个未婚女高管参加国际行的项目，可以这样表达：

趁现在还没有孩子，赶紧多出去走走看看。咱们两期都有摄影师全程跟拍，我记得前年 11 月，有位女士穿了一件风衣，走在白宫前面铺满厚厚的金黄色落叶的宾夕法尼亚大道上，美得不得了。还有一位高管站在国家广场总统宣誓台上拍了一张照片，当时也觉得非常震撼。我们除了全程跟拍，也会给大家提供穿衣指引，往期最美的 ××× 着装也给大家整理好了，期待你的美照哦！

第二，加强语气的肯定感就用叠词。比如，一定一定、确确实实。大家对比一下以下两个版本，就会发现叠词有一股非常坚定的力量。

非叠词版："价格确实是最低了，也是领导的最大权限了。"

叠词版本："价格部分确确实实是我们能给到的最低的，这也是领导的最大权限了。"

第三，要配合表情和姿态。见面的时候，你认真看着对方的眼睛说话，和眼神飘忽不定地说话，肯定是坚定地看着对方的时候，显得有感染力。包括适当地调用肢体的力量，保持适当的距离，都能很好地加强你表达的感染力。

第四，阶段性地总结。在表达的过程中，适当地进行阶段性总结，能把你的观点和想法较好地传递给客户，所以我在日常工作中会习惯性地阶段性给客户做一次总结。这一点对沟通时间比较久的对话来说非常重要。

如果你是靠口头表达，语气非常重要，大家要根据自己的音色特色、表达习惯，去训练得让别人容易听进去。特别是有几个禁忌习惯，大家务必要改掉。

（1）切忌说话中夹杂太多口头禅

"额""啊""呢"如果在你的表达中大幅出现，就会显得很不利索，你的干练感和专业度会大打折扣。

（2）要让表达有足够强的说服力，就要避免两个误区

第一，平行发音。可以理解为所有的词都是一个音调，没有起伏，就很难在长时间内抓取别人的注意力。

第二，说话感觉"飘"，最后的收尾不是往下"压"的。这是什么感觉呢？大家看，厉害的博主和主持人，说话重点处都是往下压的，请参考央视主持人说话的调子，一定是有重音，也有起伏的。

除了逻辑感、专业感和感染力之外，还有一些小技巧要分享给大家。

和不同的人谈，表达的风格和重点就不同，关键点是：

◆ 与富人言：重要的是显得专业、有底气，并能真诚地帮对方权衡利弊；

◆ 与贫者言：重要的是尊重、不低看。

◆ 与辩者言：重要的是抓住重点、不必被牵引着和他对抗，记住自己的沟通目标。

◆ 与小人言：重视利益的要讲清合作的边界和利益分配。

# 销售和问答机器人的核心区别：包装意识

没有包装意识的销售就会变成问答机器人。

我们来假设一个场景，一个咨询公司给客户提供了一套标准的解决方案。我来给大家对比一下两类销售，看看现在的你是问答客服型销售，还是经纪人型销售。

**第一种销售**

客户："你好，我想知道你们的服务方案。"

销售："好的，我发给你。"

客户："你们第一个版本的服务是一年吗？"

销售："是的，是一年。"

客户："那第二年可以免费用吗？"

销售："不能，需要续费，2000元就够。"

客户："那你们会有现场指导吗？"

销售："没有的，线上的指导会有，足够了。"

这种销售堪称问答机器人，就是根本没有销售思维，也没有发挥销售职能。

那应该怎么做？真正厉害的销售要做公司、产品、自己的经纪人，经纪人做的事情是什么？是包装，就是一定要有包装意识。

那我们来看一下同样的问题,经纪人型销售是怎么回答的,什么叫包装思维。这是各位必须学会的。

**第二种销售**

客户:"你好,我想知道一下你们的服务方案。"

销售:"好的,马上,我想知道一下咱们目前已经有哪些业务提供给客户了呢?"

客户:"我们已经有……想在今年实现业绩增长,所以想引进这个服务方案,先试一年。"

销售:"好的,是这样的,现在60%新引进这个服务方案的企业都选择了先用一年,其中90%的企业都在第一季度顺利上手,第二季度就申请升级为两年的,因为特别优惠。"

客户:"那第二年可以免费用吗?"

销售:"有两种方案可以供您选择:第一种是不升级,直接用第一年的方案;第二种是基本上大家都会选择的,需要支付20%的费用,2000元就够,就能用我们更新的版本。因为大家都希望给自己的客户提供更好的服务,我们公司也一直在跟进最新政策做研究。"

客户:"好的,那你们会有现场指导吗?"

销售:"您知道的,现在因为疫情,现场指导对客户来说风险很大。我们推出了指导包+专人跟进+社群线上服务三重保障服务,服务得很好,请您放心。您看还有什么问题吗?"

这两个版本的区别是什么,包装意识究竟落地了哪些具体技巧呢?

◆ 弄清对方需求再回答,时刻在传达价值。

◆ 任何答案讲原因,时刻在解决顾虑。

◆ 有数字、有场景、有类比,有很强的说服力。

还有一个可能大家现在看不出来，但我认为销售必须学会的"王炸"技巧，是能让你从一个表达高手跨越成沟通高手，从问答机器人直接晋阶为销售高手的沟通范式：答赞问。

## 1. 成为包装影响高手的必学范式：答赞问

什么叫答赞问呢？就是你和客户对话过程中，你把控自己表达标准最好的方式。这个绝对是我认为销售必须会，而且会的销售直接就是 70 分以上的水平，不会就很难成为一个及格的销售的表达方法。那么，什么是答赞问呢？

其实就是答（回应）+ 赞（影响）+ 问（追问、反问、继续问）。

**答**：回应，可以承接客户的情绪，也可以很自然地接过话匣子。但是，回应不等于回答。比如，价格没有优惠了，直接告诉客户"真的没有优惠了"，这是回答，而"是这样的……"是回应。直接回答在很多情况下不是好的选择，会让客户觉得非常难受，因为我们任何一个人都不想被拒绝。

**赞**：这是销售发挥"包装"意识的最佳场合，要把你想要影响客户的话，把你要传递的价值、产品的差异化用数据、用故事、用案例表达出来。

**问**：这是销售有销售"控制力"的最重要的习惯，就是习惯性地在表达后发问。

之所以说答赞问绝对是销售高手的绝招，是因为销售最可能面临的几个痛点，都能通过一个沟通范式解决。

第一，怕把客户问烦了，或者持续发问让对方不舒服。有尽调习惯的销售，知道销售要频繁发问，但是没有答 + 赞的直接发问，会让客户觉得你这是户口调查，所以答、赞、问要连在一起用。

第二，沟通经常终结，然后不了了之。销售要和客户持续沟通，就要避免话题终结，习惯性地用问句结尾，是让沟通继续的最佳方式。

第三，沟通了很久，却没有机会给你展示价值。我们不方便也不适合一直和客户说我们的产品和服务有多好多好，所以需要在每次沟通时，在一来一回中建立价值，解决客户的困惑，这是赞夹在答和问之间的妙处。

在以下的更多范例中你一定能感受到这个句式的魅力。

## 2. 用答赞问解决销售最难的几个场景

（1）"我考虑一下。"

普通销售："好的，您考虑考虑。"

专业销售："没问题的，我很高兴听到你说考虑××的采购／这样的大型采购是需要考虑一下的。（答）如果你对我们的产品根本不感兴趣，怎么会花时间考虑呢？不过你可以将考虑的问题说出来，比如是价格还是产品，我们一起来解决。不过，你买还是不买都没有关系。这样能节约你的时间，又能更好地解决问题。（赞）您说呢？（问）"

（2）"你们的东西太贵了！"

先认同："是的，××的使用有一点点小门槛，所以真的都是精英在用。"（答）

帮助分析和引导："好的东西往往都比较贵，您一定是想找到一个真正符合心意的产品，所以才多方比较。不过，如果花很多时间选择，到最后都没有得到您想要的、表现出色的产品，那才是代价最大、最贵的做法。用便宜的价格是很难买到高品质的东西的，就像不能用五菱宏光的钱买到奔驰的车。

"其实很多顾客在最开始时也会觉得我们的产品贵（赞：类比），但是比较之后还是会买我们的产品。很多人第一次用了更低价的产品，但是不好用／效果不好，用一次堵心一次，（赞：讲故事）这个××确实有一点门槛，贵一点，但是贵有贵的道理，主要是好的产品用一次顺心一次，具体怎么好，只要它每天在你的工作中帮助到你，你就有深刻的感受了。其实每天折算下来，就多1元钱（赞：列数据）。

"现在是最划算的时候了，您看趁着福利抓紧引进怎么样？（问）"

（3）"你能再按照之前的优惠价给我吗？给我，我就买。"

普通销售："抱歉，真的不可以。"

专业销售："××，我特别理解您的心情，如果我是您，就差这几天，还是希望能争取下之前的双十一活动价的。（答）但是您也一定理解，品牌和客户的信任是最贵的，客户都是不患寡而患不均的，我们到如今能这样受客户喜欢和认可，信誉是一朝一夕慢慢积累起来的，便宜下来的这 1000 元对我们不算多少钱，对您也不算，所以价格上真是变动不了，但是我也要尽力帮您争取，多送您一个 ××，也是公司和我对您的真心感谢（赞），我现在帮您安排开通软件如何？（问）"

此外，我们见到一些特别有魅力或者有方法的销售会说一些违背立场的真话，这也是在客户异议中增强信任感的好方法。比如：

① 讲内行人才知道的信息。

② 直接袒露产品的一些弱点。

③ 适当批评客户。

④ 把自己的损失明示出来，让客户感受到你的真诚。如"如果给您另一个建议，我本来可以多赚一些提成，但是那个不适合您，所以我不建议"。

# 用词是态度的衣服：销售要告别卑微感，增加控制感

你的用词，不论是用键盘敲打出来的文字，还是说出来的话语，其实都藏着你做人、做事的态度。比如，自信的人用词就会更自信，自卑的人用词也会不自觉地透露自卑感，共情能力太强的人用词大多也都很缺乏控制力，过于强势的人语句都显得有威严感。用词就是态度的衣服。

要成为专业的销售，需要学会"穿衣"，学会用词，告别卑微感，增加控制感，做到真正的不卑不亢。

## 1. 改掉语气中的卑微感

做销售教练的过程中，我发现很多销售会不自觉地在客户面前有很卑微的感觉，最直接的就是可以在他们和客户的一来一往中看到。记住，销售是基于信任的价值交换。我们和客户是对等的关系，我们帮助其解决问题、提供价值，客户付给我们应该有的价格，这是理所当然的。

所以，要彻底改掉语气卑微的问题，记住：

第一，语言之下的个人立场是最重要的，你要很清楚你和客户的关系不是求，是交换。真正认可这一点，你才能做一个告别卑微感的销售。

第二，注意改称呼，称呼客户为××老板，或在关系很熟悉的情况下，持续用"您"，这都是要注意的。

第三，减少使用"拜托""麻烦""请""可以请您""不介意的话""麻烦您""方便问您""抱歉""打扰""如果您有空"这样必须客户允许，你才能继续推进表达的开头语。

我始终觉得礼貌和卑微是两件事，礼貌是前提，是平等和尊重下的感谢，但不是总"请""拜托"。过度礼貌也会显得生分和卑微。

**例子**：听说您近期较忙，所以没敢打扰您。麻烦问一下，您现在回天津了吗？

**修改**：同事说您近期较忙，所以前几日没有主动联系您。您现在回天津了吗？

大家可以自行对比一下，这两个同样意思的表达表现出来的要求，给人的感觉其实是完全不同的。

第四，语气要肯定一些。少用"可能""好像""也许"，改用确定性表达："真的""确确实实"。

**例子**：××老师，刚才非常抱歉，我一着急说的有不合适的地方千万别见怪。公司给的压力大，我也是希望尽可能做好。其实跟您的辛苦比起来，我这些压力都不算什么。

**修改**：××老师，我想了一下，确确实实刚才表达得有点不合适，我知道您不容易，我日常也是用心服务的，相信您能感受到。这次和您倾吐了一下情绪，是因为我确实需要您的帮助，您比我了解××内部，您看还有什么办法，内部哪个环节可以加快一些流程？事在人为，一起努力。

第五，说明原因，并指导客户在足够明确的时间内，做足够明确的动作，而不是请求客户。

**例子**：哥，昨天的方案咱们沟通得差不多了，后续您看还需要我配合帮合伙人解释一下不？咱们这个事情还是很急的，要在12月底之前落地。现在已经快11月中旬了，我们这边前期执行税务优化的话，大概也需要半个月的时间。也是想着咱们本来赚的都是辛苦钱，能在合法合规范围内拿到手更多更好嘛。

**修改**：哥，昨天的方案咱们沟通得比较顺利。（答）我总结一下：咱们可以通过业务拆分，成立××的形式，享受国家针对××的税收减免政策，可以把税款降到35万元左右，共计节税680万元，这是非常好的一次企业的利润保障。

要完成这个项目，需要在12月前落地，因为……目前是11月中旬，只有半个月左右的时间了，可能还有不可控的流程问题。为了这么大额的节税，确实是紧急事项了。大家赚的都是辛苦钱，能在合法范围内拿到手更多更好。（赞）

在合伙人的沟通上，您务必抓紧时间，您看今天还是明天开会确认？需要我提供什么帮助吗？（问）

## 2. 增强掌控力，不被客户牵着鼻子走

厉害的销售都是掌控力高手。如果我们总是被客户牵着鼻子走，这种被动的感觉，销售们应该都深有感触吧？这种掌控力，是语言之下你希望掌控局势的欲望。我举一些大家常常遇到的场景，来提示大家，何谓掌控力。

**例1**：别人为你推荐了一个客户，拉了群，大家在群里沟通。

客户："我现在在忙，晚点说。"

错误："好的，你先忙。"

正确："我加您微信了，您先通过，一会儿聊。"

底层逻辑：客户事情其实特别多，我们毫无控制力，如果不先做一个动作，非常容易最后彼此相忘于江湖。

**例2**：你和客户进行了一轮沟通后。

客户："好的我大概看懂了资料，那我先回去考虑一下。"

错误："我们第一次聊，您回去再考虑考虑。"

正确："好的，我再帮您梳理一遍，您看可以在周二晚上给我一个确切的回复吗？"

底层逻辑：销售要有 Close（为签单形成闭环结果）的习惯，比如每次和客户沟通，结尾时要和客户确定下一步的时间、动作。给客户的动作一个明确的截止日期，销售的控制力就是在这种细节里产生的。

例 3：客户刚和你联系，就直接问价。

客户："我想知道价格，价格多少？"

错误："好的，我们的价格是……"

正确："是这样的，先让我把服务说清楚，您总得知道有哪些服务吧？"

底层逻辑：客户跳流程，你要守流程，价值不到位，是不能报价的。当你清楚流程没有讲完时，你一定要控制住，要讲好 why（为什么），也就是原因，让客户继续听你说。

例 4：一个行业新规要落地，是一个很好的联系老客户进行需求诊断和最佳配置的节点，你准备写一段话去唤醒部分老客户。

错误：近期 ×× 行业有互联网新规要落地实施。现在筛选了部分老客户做一对一的按需推荐，如果您对以下五点中的一点有需求或者感兴趣的话，可以回复我 1，我可安排相应的咨询。【有以下想法或者需求】

1.……

2.……

3.……

4.……

5.……

修改：近期 ×× 行业有互联网新规要落地实施，公司只给了我前 10 个非常看重的老客户来进行一对一的按需推荐。

最适合配置的是有以下情况需求的，您看以下五个哪一个是您的需求，回复我具体数字（从 1—5），我来给您最合适的配置建议，能帮您保住钱，让钱稳健地生钱。【哪个是您最需要的？】

1.……

2.……

3.……

4.……

5.……

底层逻辑：去掉如果、假设条件，认为客户就是有这个需求，直接假定成交，给出选择的具体动作。

**例5**：你和客户谈得差不多了，客户想继续向你要点优惠。

客户："你去帮我问一下能不能再优惠点。"

错误："好的好的。"

修改："是这样的，我去了我们领导一定会问我客户是不是确定买了，咱们是只要拿到优惠，今天就带着产品走，对吧？"

底层逻辑：如果客户给你一些要求，不要进行无理由退让。最佳的是我退你进。第一个是我之前讲过的，申请要先获得承诺。第二个是适当的话，要求客户做点什么（如转介绍）。这也是销售控制力。

**例6**：和客户开会，以线上会议为例，设计思路可以完全看出一个销售是否有掌控力。

"卷卷老师，我明天有两个客户要通过线上沟通开会，但是我觉得我控场能力比较差，老师能来一招现学现用吗？"

"你打算怎么开呢？"

"第一，讲为什么要开这个会议；第二，介绍整个会议沟通的流程，介绍公司；第三，沟通他们的需求点（因为是一个客户介绍的，不太清楚需求点）；第四，满足需求，有案例讲相关案例；第五，交流合作方式。"

"天哪，听起来很完美，但是真的完全错啦！"

那让我先来说一下底层逻辑：开会的目标不是说清楚服务，而是获得好感和信任，特别是对你这个销售的好感和认可。所以基于这个目标，你开会的流程如果按照刚刚介绍的那样做就全部错误了，那只能算是走流程。正确的且有掌控力的做法是什么样的呢？

第一步，上来先破冰，闲聊，确认决策人在现场。特别是对方没有打开摄像头，一定要开玩笑，可以简单开个玩笑："哎呀，既然是视频会议，就让我看一眼，我不能对着屏幕空讲。"这里注意，能自己开会最好自己来，这是你充分链接客户的黄金机会。

第二步，自我背书和公司背书，这个时候一定要问客户："之前了解过××吗？"为什么要这样，判断是关键，不要一味地表达，要互动。

第三步，介绍完团队，你要和对方确认一下需求，然后说你接下来的演示思路。讲解思路，务必注意，需要阶段性停顿和对方互动。

第四步，同类案例可以放在开头或者夹杂在产品讲解中。

第五步，一定要让客户提问。

第六步，结束的时候，你要和客户约定下一步动作。

## 3. 逆向思维，让你重新掌握主动权

销售是在不断解决各类困难中成长的，之所以需要提高掌控力，是因为我们需要有效地引导，让客户在最好的时间买到最适合的东西，这是一种真正的负责。但是掌控力不只是我们有意识地去引导，另一个角度是，你也应该能从对方的"控制"中跳脱出来。

（1）困境一：客户问你一堆问题，你该怎么办

如果你都回答，会非常被动；这时候有个重要的方法，就是学会拎出重点。

第一步，你要认真听，听清楚客户的问题。

第二步，对问题进行分类，看问题主要分为哪几类。

第三步，告诉客户，有几个问题，分别是和什么有关的，我可以依次回答，但是"我想了解一下，您最关注哪个问题？"

这个方法叫挑明重点法，即直接问对方最关注的问题是什么。

（2）困境二：问题不好回答，学会反抛问题

面对很多客户的"死亡问题"，如果没有回答对，就相当于直接跳进客户给你挖的坑里。销售会面临以下几种你会回答/不会回答/容易回答不好的问题，能够解救自己的最好的方式就是反抛问题。

**场景一**：如果客户问的问题，我们不知道怎么回答，我们可以反问问题。

客户："你们这个××（你陌生、不太会回答的产品专业知识）是怎样的？"

销售："您这个问题问得非常重要，而且一般的××没有问到这个问题，您是怎么想到这个问题的呀？是之前有类似的经历吗？"

**场景二**：直接回答问题大概率对我们不利，可以反抛问题来聪明转移。

客户：你和××（某竞品）比优势是什么？（答案其实销售是知道的，通过反抛问题来聪明转移。）

销售："您一定做过一些对比，就您目前的了解，您认为××（某竞品）的优势是什么，而我们的优势是什么呢？"

或者："我们各有优势，还是得回到您的需求上来，您需要的是××，这个我们是最佳的服务商，您也认可吧？"

**场景三**：客户问的问题中的关键指标实际上是模糊和主观的，如果不确定这个指标，容易做错要点说明，还容易因为回答得不对弄巧成拙或缺乏说服力。

客户："你们的产品/服务效果是怎样的？"

销售："不知道您想要什么样的效果呢？您认为什么样的效果才是最好的呢？"（或者"您心理预期的效果是怎样的呢？"，把问题反抛给顾客。）

客户：……（陈述一系列自己对效果的定义，大概率会成功进入我们预设的要点框架。）

销售：先对顾客的定义和要求表示赞同和理解（谁都希望自己被认可，当我们认可客户，客户觉得自己被重视自然就会高兴起来，也就越容易对我们产生好感。假如我们的产品能实现的要比顾客所定义的还要多，那么顾客在心里就会觉得自己选对了），然后再来介绍自己的产品和其所具备的优势，这

样会更容易让顾客接受，并且更有说服力。（顾客已经落入了我们的思维框架里，跟着我们的思维走了。）

**场景四**：日常接话，怕接不住和尬聊怎么做？

主动问：

① 必须用的：赞美客户＋抛问题。"您这一路是怎么走过来的？"这个问题特别适合请教优秀、厉害的前辈型客户。因为所有人都喜欢被倾听和崇拜，并且会侃侃而谈。

② 总结转述同行的看法：大家都在关心什么？面临什么问题？有什么举措？

③ 谈爱好（提前研究 / 到了现场看现场，建议多关注客户的桌子上放了什么），比如在外面见面一定要主动点咖啡，问客户的偏好。

④ 准备 5 个常聊的行业相关话题。

⑤ 可以聊面相、八字、星座、九型人格等，我发现很多销售高手都会掌握一种和人有关的研究，而且很好用，因为所有人都关心自己。

在客户说话后要怎么接话？

① 补充你知道的。

② 赞美他说的内容。

③ 接着问，追问细节，这里是重点，一定要慢慢问到要关注的点。

# 用沟通解决几大销售实战难题

## 1. 客户问你的产品和竞品有什么不同

销售会被客户频繁地问到：你的产品和竞品有哪些不同？

我相信你会很兴奋地想，我梳理的优势终于派上用场了，但是我劝你千万别这么做。为什么呢？你讲的时候很开心，如果没有走进人家心里，让人觉得你自夸了（不能贬低对手），对方心里也不舒服。我见过很多销售直接回答后的结果大都是，客户说"我知道了，我再想想"，或者"我再对比一下"。这时你就非常被动了。那应该怎么做呢？

第一步，我先为大家梳理一下这个问题的底层逻辑。

客户究竟为什么问这个问题？他其实在找的是适配度，我有这些需求，看你的产品适合我吗？或者我不知道我的需求是什么，所以我先收集一下大家的信息。

销售帮客户的最核心的工作，是定位需求，其次才是满足需求。所以你直接说优势就是忽略了销售工作的本质。所以，客户问优势其实只是在收集信息，一不小心就让你被动地进入被 PK（比较）的状态。

第二步，和客户对话，找到突破口。

要边回答边定位客户的要求，还是回到销售应该做的定位需求和满足需求。

"通过这么长时间的沟通和研究，我梳理了一下您来看产品的目标，现在的情况是……，咱们最看重的是……，您看我理解得对吗？"

客户说对和不对都不重要，对就是说明你很精准地抓到了需求，不对就是你重新梳理的机会。

然后可以告诉客户所有的优势都是相对而言的，客户来付费买产品和服务都是为了能够满足自己的需求，或者变得更好。所以我们从其需求出发，看我们是不是能最好地满足或者超越其需求的供应商。

这时候也不要直接说优势，你要顺着客户最看重的 3 点，讲 2—3 个客户案例。为什么是客户案例？因为所有人都相信同行。人都倾向于相信和自己类似的人的选择。

讲完后，你再回来说："您放心，我们服务这类业务很有经验，已经有 ×× 家同行 / 业务客户在用了。他们对您最在意的 ×× 点也做了直接的考核，关键是几年合作下来也都很满意，所以请您一定放心。"

第三步，继续推进合作的洽谈。

回复是为了加强客户的信任和决心，你可以问客户对合作还有什么问题，解决更多异议。这样在后期才会非常的顺畅。这是很简单的方法，但是最实用，用起来吧！

## 2. 客户总说考虑考虑

这种情况，一定要让客户直接说出来。

"很多客户都说考虑考虑，我做销售这么多年，很清楚'考虑考虑'就是不想要或者有顾虑，不想要是我能接受的，做销售常被拒绝，但是我真的想知道您顾虑什么，您直接跟我说，因为我也有很好的复盘习惯，不知道怎么失败只会持续失败。特别感谢，我会认真思考反思，您就敞开心扉和我说说吧。"

客户说完他的顾虑，你要做的事情就是破解销售异议，一个一个地解答。

有几个小技巧：

- ◆ 用数据，数据具有天然的说服力。
- ◆ 讲故事，没有人会拒绝故事。
- ◆ 讲同类，所有人都信任自己的同类。

解答完了，你就可以假定成交。你说："那咱们签约吧。"这时候有两种可能。

一种是客户说还要和家人／团队商量一下，那你可以追问："请问嫂子／合伙人不同意，最大的原因是什么呢？"这时，要再重复解答可能刚刚已经有的异议。

另一种是客户还说要再考虑一下，你可以和他说"那您还是没有告诉我真实原因，是钱的原因吗？"（大部分是），这时候再讲价值。

如果还不行，客户还是说要回去再商量一下怎么办？给客户一个时间点，比如"您还是想再看看／回去商量一下，答应我，20 日之前一定给我一个回复，好吗？"，这是获得承诺的方法。

## 3. 催款难怎么办

优秀的销售都在努力日拱一卒，卓越的销售 2B 都求落袋为安，这就是做 2C 和 2B 之间的巨大不同，因为从签约到付款，还摆着各种难题，包括付款流程的 N 种卡点，到了账期直接告诉你没有钱，对接人不配合，最可怕的还有江湖老颟。钱收不到，销售前面做的所有努力都将功亏一篑。这些问题今天全都有答案，四个难题逐一解决。

（1）流程卡住

付款其实有很多要素，包括合同盖章、发票寄到且通过审核、流程走完、核心签字的人没有出差、财务在公司。如果你把这些问题都解决了，可能还有一个你想都没有想到的困难，就是企业有固定的付款日，可是下一个付款日在下个月，你要怎么办？今天我就以最值得努力的一个场景来解读：就是明明流程都走完了，但钱还是付不出来，因为付款日还没到，这是企业内部规定。

我教你怎么用一段话，让客户配合你，完成付款。**万能公式是：共情揽责任＋说明原因、提出期待＋承诺后续服务＋提出具体请求**。核心表达：

××总，是这样的，怪我提醒得还不够，实在是不好意思（自己揽个小责任），财务要求当月的发票当月回款，今天是×月最后一天，还有当时谈的合作合同页写着"××内支付"，因为这个合作价格正是出于这个月能回款才特别安排的。

正常情况下明天安排肯定没有问题，但是正好今天是本月最后一天了，所以辛苦您特别帮忙沟通一下，也帮一下我，日后在咱们××服务上，我一定多多上心，请您一定一定帮忙沟通，让财务今天特别支付一下，好吗？

（2）应收账款的客户告诉你没钱

重点提醒一下读者们，钱真的不要到了账期才要，一定得早点去要。现在各大企业都在卡现金流，所以才设置了账期，能晚付就最好晚付，但是是可以早付的。

**万能公式是：示弱＋共情＋给好处。**

什么叫示弱呢？举个例子："之前我对您很照顾，这次希望您照顾我一下，这个月压力真的很大，确实紧张，能不能先给我们？"

什么叫共情呢？举个例子："您看下游卡着你的钱没付，所以您现在一定特别理解我作为你的上游的难处。"

能给什么好处呢？举个例子："明年我给您一些好处／您这么有信誉，我一定多帮您介绍一些合作方。"

整合起来，你的话可以这么说：

王总，今年我们确实难，之前年年我都照顾您，您今年优先照顾一下我。

我知道您现在压力也很大，下游不按时给您款项，所以您更应该给我们，您也想成为那样没有信誉的人吗？我想您一定不想，明年我一定多给咱们一些好处和方便，货给您供好了，您的生意才能好。

（3）对接人不配合

答应了付款，结果对接人消失了，三天回复一句，"问了，好的，知道了"，但是款就是没有付出来。

**万能公式是：共情＋给原因＋回忆历程＋给动作破解**。具体表达：

王总，这几次找您，您都答应付款了，肯定是您太忙或者有什么顾虑卡点所以没有安排合作服务费的付出，但今天确实得安排了。因为下个月您要收到我们的产品，今天必须开始让团队投入生产。您知道我们是重投入的业务，这次合作我们从去年9月洽谈到这个春天，双方合作不容易，就差最后一步，下个月您就能实现您的项目规划了。您今天一定一定安排一下如何？

（4）千年老赖

每个领域都会有这种欺负所有供应商的人，他肯定有钱，但故意拖延，怎么说都没有用，那该怎么办呢？

第一，要识别这种客户，知道能要回来，但是不好要，心态就要放平了，不带着情绪折磨自己。

第二，因为他知道大家都要做他的生意，所以就无所谓，觉得"你也不敢给我断货，我就是拖，反正最后给你就好了"。反过来，大家可以思考一下你为什么没有能力放弃这类耗费心力的客户呢？还是因为自己不够强，所以自强才有选择权。

销售是一门努力提高成功概率的技术，虽然没有百分百有效的做法，但是用我的方法，可以帮你大幅提高催款到账的可能性。

## 4. 客户想要优惠，确实没有了怎么办

销售的一大难题是客户总以为你手里有一堆福利和特价权限，这时候真是欲哭无泪，百口莫辩。怎样才能在关键时期让客户真心信任你没有权限也没有空间了？

有学员是这么说的，大家先看一下，评一评哪里有问题？

××爸爸，我这边和我们领导核对过了优惠的事情，因为只要有学生想要学习的话，我这边都会帮孩子申请最大的优惠，所以孩子没问我优惠的时候，我就直接和孩子讲了我们周年庆全年优惠力度最大的 6000 元优惠。您看一下，除了优惠这一块还有其他问题吗？

不过前几天我们在浙大这里有学员的沙龙，有一批学员的礼品，我等项目老师回来去问问看看。学费这一块肯定是最大的优惠了，哪怕您和我不是老乡，我也会帮您申请的。不过如果您真的要礼品的话，我们公司端午节正好给员工发了粽子，也挺巧的，碰到老乡，到时候我寄给孩子。

您也是从事教育行业的，我迟点会帮孩子重新理一下考研、考证还有大学四年的规划，您看一下还有什么要我交代孩子的吗？

我先总结几个核心思路：

第一，说诚意，没有就是没有，立场要坚定，话里犹豫，客户就觉得还有机会。

第二，亮证据，给客户看到同类客户的付款信息或者公司的明文规定等所有能证明真的没有优惠的证据，让客户知道这是真的。

第三，给其他让步，让对方有"获胜感"，但也要放在最后。

来一个改过后的版本：

××爸爸，是这样的，您的事情我很上心，所以我专门和我们领导核对了优惠。我是非常真诚的人，因为只要我的学生想要学习，我都会直接帮孩子申请最大的优惠，这次我直接和咱们孩子讲了我们周年庆全年优惠力度最大的6000元优惠，导致咱们以为还有更大的空间。但是我想我的真诚咱们可以感受到，比起先给3000元，再让3000元这样的策略，如果我是顾客，我会更喜欢直接一些的顾问，所以我这么做，很希望您能明白。

价格部分确确实实是能给到的最低的，这已经是领导的最大权限了。但是我也很希望能为你们再做一些什么，前几天我们在浙大这里有学员的沙龙，有一批学员的礼品，很实用，等项目老师回来，我给您争取。另外，端午节我也给咱们准备了粽子，我给××寄过去。

此外，您一定可以放心的是，之后孩子的学习，我会亲自盯着，保证好的效果。200%地用心，我们的一些好的资源，也都会为您和孩子想着、留着。我想我们内部资源的倾斜和更多的用心，才是最值得的，您说是不？

## 5. 客户提了"过分要求"怎么办

销售要不怕客户提问题，其实就怕客户没问题。记住沟通或面对客户异议时，先控制自己的情绪。

① 看你是否能理解这个客户为什么有这个要求，先共情，不要马上拒绝、反驳等。

② 问清楚客户为什么会有这样的要求，客户愿意说是信任，不愿意说就当作挑战。

③ 想清楚是否能满足？能不能有其他的方法，还是可用替代方案解决呢？

例子：客户希望你要20天全程在项目现场，但是实际上你作为大部门负责人是做不到的。背后的原因是客户觉得没有安全感，其实并不是必须你来，你给出最好的方案，说明关键节点你会在，团队也安排了最好的人。

## 6. 怎么优雅地拒绝客户的价格优惠申请

先和大家分享两个非常好的表达。

赵总，是这样的，之前也有两个公司提过这样的需求，但都没有申请成功，因为其他几十家都是一次性付款的；除了有家总价49万元的，分了首付款，季度结束付尾款。这是唯一一次，而且还是因为是大额单子，还有就是他们CEO给我们反向做了3次培训。客户其实不患寡而患不均，我们在业内小有名气，大家都需要得到公平对待。

Jerry，说实话，价格完全都按照统一规定的来，因为×××（某类客户）在全国都不超过5000人，大家问一圈基本都知道我们的定价，××最在意公平，不患寡而患不均，如果被知道我们不平等对待用户，好不容易建立的品牌确实会遭受比较不好的影响，这个是我们公司CEO很早就定下的规矩。

我觉得好的服务方一定是说到做到，不能做到也如实说明情况，很理解咱们的需求，但是真正的诚信和彼此理解是未来愉快合作的关键基础。

拆分一下底层逻辑，这两个表达里都有一些很好的沟通方法。

**类比**：说明已经有过同类的需求处理，让客户知道不只是他提出过。

**说明原因**：讲清楚原因，是最能被理解的。

**拉高维度**：在价格层面争论，诚信和原则的问题，就自然能让客户不纠结。

记得，最后还是要在非价格层面给客户一些福利，让客户心里舒服一些。

第6章写到这里，分享给大家很多让客户能舒适且对销售来说有效率的沟通。从把日常沟通做得尽量有逻辑、有专业感和有感染力，到销售的关键是有包装意识，再到去卑微感、有控制力，沟通真的是一件有意思的事情。

我的盖洛普优势中排在最前面的就是"沟通"，我把实战方法通过案例分享给你，期待给你的实战带来帮助。

第七章

# 惊喜的过程：体验意识
# 和超预期服务

高级的销售无一没有体验意识。体验意识的第一层也最重要的一层是视人为人，第二层是会制造超预期服务。这真的很重要吗？是的，很重要。

2021 年年末罗振宇（罗胖）的跨年演讲，也是一个现象级的传播。他做演讲那天，我正在三亚像数字游民一样旅居工作。太多人看了这场直播，我被反复安利了，喜欢高效率工作的我细细读了罗胖的全程演讲稿。

表面看起来，当天演讲的关键词是围绕着数字化、智能、创新、共同富裕这些和时代、民生紧紧联系的主题，但是我听到的，且觉得销售们更应该听到的是这些被罗胖反复提到的关键词：情绪价值、清单管理、同理心、利他、软技能、接口等。我当天就做了一个梳理，在此分享给大家。

（1）我们在数字和目标之外，更需要同理心

怎么让客户帮助你实现自己的目标？"你给谁提供了情绪价值，谁就是你的人。"当时罗胖分享了一个数字化这样一个看起来无情的概念被用在了有温度的企业管理里的案例。在企业管理中，老板让员工下班时用颜色彩球投自己的心情，这是老板的温度管理方式。包括物业可以用水表是否长期没有变化，来判断独居老人在家是否出事。还有优秀的医生给年轻女孩做肿瘤手术，一定会考虑让伤疤尽量小，甚至好看，因为他考虑到女孩子未来如果去海边一定想穿比基尼，身上一定不能有太多疤痕，因为她未来还憧憬着美。这样的共情能力，才是名医的根本，初心之外，还要用心。所以，做客户服务的人千万别只提供工具价值，同理心和情绪价值也得注意。

不论你的销售技能厉不厉害，记得凯文·凯利说的那句话：也许宇宙中最反直觉的真理是，你给别人的越多，你得到的也越多。要利他，要共情。

（2）销售的本质是链接

商战剧《输赢》里销售大神骆伽对自己的助理说："你认为销售是什么？

销售其实是与人链接的能力。"我在本书第5章，讲的全部都是"链接"的难题，这是销售普遍的难题，也就是销售的精髓所在，当你成为一个链接高手，你的销售难度自然就降低了。比如，我们和客户开会的时候，为何要想办法引导对方把视频打开？包括在团队内部开会也要开摄像头？因为只有这样大家才会更重视也必须修饰自己，这样做之后自我评价就会高。一样地，这是一种认真对待的引导，认真了，做业务的成交率才会更高。朋友圈发好了，就算线下社恐的销售，客户也就能从线上来了。我们要保持和他人链接的能力，这是销售最根本的能力。

（3）熟客的信任，是最宝贵的资源

开理发店，优质地段的大门店的利润经常反而不如社区的小店，因为前者成本过高就会一直想让客户办卡，后者成本控制得好又有非常好的老顾客的黏性。

同样，我们想一下，如果是一位35岁的销售，你不应该再卖标准化的产品，你要变得不可复制，你应该变得专业、有经验、有很多信任你的老客户，这些都是软实力。你不应该在做了多年销售后，还停留在和年轻销售比拼精力、时间的投入阶段。

（4）销售要学会洞察需求，整合链路

安徽省政府作为投资机构型的政府，招商的时候会充分考虑招商的产业上下游之间的关系，然后招商的时候想着能把他们配齐，这样对所有入驻的产业和企业都充满了吸引力，因为在那里自己的上游、下游都有，政府还给了利好政策。

同样，销售也可以这样去思考给客户带来的资源整合的帮助，目标清晰，清单就会短，清单短了，在每个对象上下的功夫就深了。销售也完全可以这么去思考和专注在最重要的目标上。

（5）销售要会讲故事

大家可以看到，罗胖本身就是一个讲故事的好手。大家看一下他是如何讲故事的。今年做了给身处不同情形下的人的锦囊，包括给重要时刻的人、给理性乐观派、给犹豫不决的人、给准备出发的人、给正在路上的人、给正在拓荒的人、给知易行难的人、给深处困难的人，会引起不同情景的人最大的共鸣。

销售在追求数字化、智能化的时代，更要保持温情，拥有同理心，注意人之间的链接，有体验意识和学会为人提供超预期的服务。

这种超预期和体验意识也是一种小贪心：因为我们想做客户一辈子的生意。

很多时候，我们知易行难。比如本章节的主题，强调销售要视人为人，听起来可能是个笑话，大家可能会说："我当然把客户当人啦，哪有不把客户当人的。"可是为什么还有那么多的销售喜欢群发微信、喜欢背话术来应对每个思想独立的、有血有肉有想法的人呢？

体验意识的根本是视人为人，真正做到视人为人是能有很好的同理心，也能根据情况去应变。

## 1. 为何背话术、爱群发的销售业绩都很差

销售是靠沟通来成交的，而一次好的沟通需要信息内容和情绪内容的合理配比。信息即客观的描述，情绪是感性的表达。

举个例子，这是一句全是表达情绪的话："人家很不高兴呢！你都没有很爱我，所以我很难受，虽然我很想你。"这是一句全是信息的话："什么是安全机制？安全机制包括加密机制、数字签名机制、访问控制机制、数据完整性机制、鉴别机制、业务填充机制、路由控制机制和公正机制。"

人是由感性和理性共同驱动的，对于陌生事物、陌生人，必须先用感性软化，因为人的决策经常受到情绪影响。

好的话术，大家拆分一下，其实都是很好地配比了情绪和信息的，但是如果僵硬地把话术输出给客户，只要是有一点意识的客户，都会警觉和感觉

不适，通过多次来回，需要情绪多点的客户没有被很好地给到情绪价值，需要更多工具价值的客户也早就被你过度的情绪表达吓走。大家想一想，我们依赖话术其实就是懒于思考的表现，如果单靠话术能解决成交，换其他销售也可以，就不一定需要你了。

但有一类特别的表达，我是十分支持大家用纯话术的，特点就是这类话术基本表达的是受众需求都一致的纯信息，既能提高效率，也不影响体验。

其中包括可操作性的回答，比如你为学员开通听课系统，写了一个操作指引，这个话术是通用的；也包括通知性的回答，比如你为了一场活动，写了一份预告，目的是传递清楚当天活动的内容并引起大家的关注。

除了喜欢背话术之外，还有的销售喜欢群发，这也是一个很多销售会踩的雷区。

群发之所以不好，是因为我站在受众的角度，我是一个人，你用统一的话术对待我，我心里就不舒服。销售到最后，其实收获的是人心，个人口碑在职场上才是最重要的。我的一个学员在一次异业联盟中，活动组织方要求所有销售群发，她听过我的课，坚持没有群发，还是用心和每个客户沟通活动。这个现场唯一一个没有执行群发的人，成了全场的销冠。

现在的消费者都是很聪明的，也很能反销售。如果你想用群发去唤起回应和重视，倒不如换个机器人来工作，可能更高效。因此，要记得"视人为人"。

那么问题来了，没有话术、不要群发，你要如何学习销售？

记住，回归人性。人永远不关心和自己无关的事，也就是人只关心和自己有关的事。所以你这样做，才可能更出色：

（1）真心关心客户的需求，可以尝试把客户分类

比如我在《顶尖销售的18大基本功》里就是在首节课引入九型人格这个应用心理学的专业知识，帮每个销售先识别自己的动机，了解自己的行为特质，并掌握有关的知识，这样就可以较为轻松地通过聊天、表情、朋友圈、习惯性的表达分辨出客户的决策动机，进而高效提高成交的精准率。

（2）学习顾问式销售，把你的服务和产品做到解决方案里去

没有一个客户是想来买某个产品的，他只想要解决某个问题或者实现自己的目标。而当我们的服务能且只能作为解决方案出现的时候，才是最恰如其分的。

这种销售方法其实是源于咨询和服务方案本身就是产品的行业，比如，设计师、管理咨询师、活动策划、律师、医生，也就是我说的超级个体销售。

举个例子，医生是如何做的呢？患者都是带着需求去找医生的，接下来，医生会做一些专业的检测和诊断，然后给出解决方案，最后才是开药。患者为了解决问题，就买了很多药回去。

这种销售方法其实非常适合企业咨询、软件销售、保险规划、财富管理、房产销售等，也是给客户最合适的专业意见的业务。

经典日本销售剧《卖房子的女人》中的女主角经常说，我卖的不是房子，我是在解决别人的人生问题。

顾问式销售的关键是：

◆ 专业感，必须拥有专业的体系和咨询对话的能力。

◆ 很了解客户的问题，并有非常强的解决问题的能力。

◆ 不断磨炼自己的沟通技巧，比如之前的答赞问就是超越话术的更厉害的表达范式，要不断在自己的业务场景里去训练这么提问。

《刻意练习》的作者告诉大家，你要成为专家，就要在一件事上刻意练习1万次。销售最后大都能有很不错的沟通能力，是因为销售每天都在进行各种沟通，哪个工作能有销售这么大的沟通量呢？当你有意识地去思考底层逻辑和沟通方法时，日益精进并不是难事，毕竟销售就是大量地做与人沟通的事情。

（3）多思考

用话术最糟糕的地方就是拿来主义，如果你用话术，但是你深谙它的设计逻辑和沟通方法的妙处，甚至能成为设计话术的人，那你就不会被话术困住，因为你把握到的是沟通的"魂"而不是"壳"，也就不会陷入话术对一类

人有效，对剩下的人都失灵的困境。

## 2. 在商务沟通中哪些文件细节能超出期待

体验的秘诀在于细节，在商务合作和职场协作中，会有非常多的小场景，能马上为你加分，我给大家分享我的一些好习惯，能帮你积累不少职场好评。

（1）通过电脑，特别是手机给客户、合作伙伴等发文件的时候，一定要有心地提供文件的多个格式版本

为什么要这么做？是因为每个人的工作习惯和工具偏好是不同的，有的人用苹果的 Mac 系统，有的人用 Windows 系统，手机系统也有 IOS、鸿蒙、安卓和小米等，所以我一般一个文字材料会同时发送三份，分别是 Pages 版本（苹果系统用户的偏好）、Word 版本（大部分 Windows 系统用户的偏好），还有一份 PDF（在手机视觉中 PDF 的格式是最好的，也防止还有前两者看不了的情况）；如果发现我的受众的技术能力再弱一些，为了避免其不打开文件，有时候我还会发纯文字版本。

（2）客户想问但是没问的，主动发补充材料

在商务沟通的过程中，如何让客户认为你非常了解他们？甚至认为你是非常专业的。所有人都偏爱资深且考虑周全的人，就像客户喜欢既懂自己又在专业上过硬的供应商，所以如果你通过经验积累，知道客户大概率迟早会问的一些问题和要看的资料，提前准备好资料发给客户，往往能给客户留下好印象。

比如，房产销售一定会提前做周边配套的图纸和说明，SaaS 销售一定会提前准备客户会问到的关于数据存储安全的问题。

此外，你和客户 / 领导开会后，能主动记录核心内容并列出双方的行动清单，并主动在会后第一时间发送给客户，这也是一种"补充"材料的行为，是很加分的。

（3）当客户连续问了你几个问题时，你能梳理出 1、2、3、4 点，一一文

字回复，因为考虑到客户要沟通 / 商量

我认识的不少顶尖的 2B 销售，都有帮客户编辑"汇报内容"的习惯，比如提供可以直接转发的邮件内容、汇报 PPT 等。因为在 B 端业务中，我们往往不能在初次就结识最终的决策者，通常要通过和对接人结盟，帮助对接人高效、完整地把我们希望传递的信息传递给决策者，所以习惯性帮客户整理，这个允许对接人"犯懒"的动作，是一举两得，一方面保证了对接人的体验，另一方面保证了信息的传达。

销售在日常还要养成一个习惯，就是把客户和你见面沟通的问题快速地记录并整理成文字，再同步给客户，让客户对今天沟通并已经确认的内容了然于心，这可以在很大程度上避免双方在一些问题上重复纠结。

（4）记得客户说过什么时候方便 / 不方便，用最合适的方式交流，而不是用自己习惯的电话和语音

每个人都有自己的沟通偏好，有些人喜欢用微信沟通，有些人喜欢用邮件沟通，还有些人不论什么都喜欢用电话沟通。在日常生活中，也不少见一些人没任何预期就打微信电话给我的，像我这样不喜电话沟通的人就会感到很不适，因为我不喜欢自己的时间节奏被打乱。而且我喜欢文字沟通，还因为文字沟通不仅时间可控性好，还非常方便搜索。

这是销售特别需要注意的点，就是记住客户的沟通偏好，尽量用客户觉得更为舒适、回复更加高效的方法来沟通。

体验就是这样，都是尊重对方习惯多一些，为对方多想一些，多做一些。这样既能表现出专业能力，又能展示出非常好的职场修养。

## 3. 客户来访要如何招待

我在做销售总监的时候，经常要接待一些从外地来北京出差的客户，我会约在客户途经的、方便的地方，特别是他的酒店附近的餐厅来就餐，客户

经常会对我的安排觉得舒心。我主要做了以下几件事。

① 根据客户到达的车次和到酒店的位置，给客户建议最佳的出行方案，是打车还是乘坐地铁更为方便。大家不要认为客户方的总监都偏好打车，哪个最能节约时间成本、精力成本，才是总监级客户要考虑的。

② 聊天中关注和询问其饮食偏好，这个从爱分享美食的客户朋友圈中也能略知一二，如果实在把握不准，就发 2—3 类不同的风格、菜系供对方选择。

③ 务必不迟到。一般和客户吃饭，我都是至少提前 20 分钟到，点好菜，并倒好水。如果客户饭后马上要赶去开会，我还会提前点好一杯咖啡让他带走。

④ 见客户之前，我会提前把之前我们之间的所有沟通记录做一遍重温，并且准备好在饭桌上可能要涉及的一些业务和合作问题。

⑤ 吃饭不论是为了叙旧还是为了商务合作，开头一定要闲聊，不应该马上进入正题。

⑥ 我通常会为客户准备一个非常得体的小礼物，我个人经常会囤一些对自己帮助确实非常大的书籍，然后作为见客户的伴手礼，一般我会在内页空白处写上我对客户的感谢和书的关键推荐理由。

⑦ 了解其回程时间，并在结束的时候和客户约定回程后继续推进合作的下一步流程的时间和动作。

如果客户是来公司拜访，做哪些事情是可以超出期待的呢？我是这样做的：

① 我会和共同接访的同事花时间提前梳理过往所有的沟通内容，梳理合作思路＋补充尽调（企业最新的舆情和新链接点），并和同行者做好接访的分工配合，比如我会核心关注和对话总监级别的客户，团队伙伴则会对接对方的核心对接人，对接人一般为一线或者中层。

② 提前和客户确定到达时间、是否需要安排车接送，以及通过下一个行程的时间点来判断是否提前安排午饭。特别是外地来的客户，基本上一天的行程都是排满的，如果不清楚下午的时间点，就很容易因上午沟通超时耽误了客户商务就餐的时间，如果时间实在是赶，我会安排团队成员给客户准备

好在车上垫肚子的简餐。

③ 提前问客户喜欢咖啡还是茶，提前准备。在这一点上，我见过一家做婚姻家事业务的律师事务所做得更厉害，他们在接待客户的时候，会请客户填一个基础的接访表，上面提供了 8 种饮料，让客户选择自己最喜欢的，然后会有服务人员送上。这个律所的主任是个非常有体验意识的男生，他说："中国人有个特点，就是不好意思去要，那我们就不要让客户为难，我给你足够多的选择，这样客户也会觉得很舒服和贴心。"

④ 提前一天和客户出发前，发公司定位和出行提醒，给予温馨提示，包括天气、楼下门卫是否需要沟通、是否预约等小细节，让客户避免在停车、找路上因为麻烦感到烦躁，客户的好心情是我们务必保障的。

⑤ 制作欢迎页，并主动带客户参观办公室和介绍关键人物。这适合 B 端代表企业拜访的时候，可以在公司入门处、电子屏等地方做一个大方的欢迎页，大概是"欢迎 ×× 莅临 ××"，最好用我方或者对方的 Logo 主题色。我做用户合伙人的时候，还经常在进入会议室前，带团队参观，并介绍我们的技术合伙人 /CEO 给客户认识，这也是一种重视。

⑥ 客户离开时在公司 Logo 处邀请其合照留念（双方适合的话，一定要拍照），不论最后是否会发朋友圈，这都是一种重视和纪念。

⑦ 离开前给客户提前准备好的停车票，费用不高，但会让客户觉得很贴心。

⑧ 谈到气氛甚好的部分或者快分别时，真诚地申请加上关键人的微信，并在分开后发送给他今天向他学习的心得。特别是和前辈级客户沟通，我一般都会认真记下自己当天向他学习的心得。

⑨ 准备合适的小礼物，在送客户上车的前一刻送上礼物，这是"峰终定律"[①] 的典型应用。

⑩ 在商务沟通中，客户说的时候要用心记，自己说的时候要有气场和有

---

① 详见［美］奇普·希思、丹·希思：《行为设计学：打造峰值体验》，靳婷婷译，中信出版集团 2018 年版。

控制力，不一定要说得多，但是说的时候要一句废话都没有。

## 4. 销售去客户方拜访的必做细节

接客户的来访，我们要做热情、落落大方的主人。去客户那里拜访，我们就要像得体的客人。我分享一下我拜访客户的细节。

① 见面提前到，且让客户对来访人员有预期。绝对不能出现迟到、爽约、没有事前沟通带了别人参加正式商务场合的情况。我对团队的要求是至少提前半小时到达我们要去的大楼的楼下，第一次去一个地方，一定要提前和客户再次确定地点，提前规划时间。其实在实际情况中，不论是因为堵车，还是因为商务楼规划得不好找，抑或是司机走错路，同事会合得不顺畅，都极有可能让你预估的时间远远不够，导致迟到。

我有一次客户拜访乌龙是客户刚搬了新办公地点，但是导航的地图上还是旧的地址，导致我们提前半小时到了一个完全错误的地方，当时的司机脾气还特别不好，总之到了新地方大家心情都不太美丽。有时候还会因为看错一两个字的顺序，去了错的地方，所以一定要给自己足够的提前量，且去之前再和客户确认一遍为好。

② 养成检查客户拜访清单的习惯。拜访客户需提前带好必备的投影转化器、客户拜访文件、PPT 笔、电脑，特别是充电器等，将这些都列在清单中，一一打钩确认，避免走的时候没有带全东西影响会议。我曾带一个团队成员去见客户，结果到了之后发现他的电脑居然是没有电的，而且他的电脑型号和其他同事的都不同，文件又只存在他的电脑里，那天我只能临时调用历史文件做快速调整来做宣讲。所以，建议提前做好当天使用文件的云备份，这也是非常有必要的。

③ 主动邀请客户带我们参观办公环境，给我们讲解公司的历史和现在的情况。这是一个非常好的破冰和了解客户的机会，我们能和客户最终达成合

作的关键都是围绕两个词展开的，即"信任"和"需求"，而客户带我们参观，就是一个非常好的破冰聊天了解需求、建立信任的好时机。因为一旦进入会议室，双方对着坐起来，就增加了一分正式感，轻松就少了一些。

④ 开头的时候，负责统筹的伙伴，不论是我方还是对方，都会请核心人物做提纲挈领的控场，而且我会非常主动地邀请对方帮我介绍对方的参会人员，并用心记住所有人的名字、职位和特点，必须保证一会儿我讲的时候，可以随时和任何一个人互动。等我讲的时候，一定会先感谢大家的时间。

⑤ 结束的时候，我会带团队伙伴将会议室的桌椅归位，并带走没有喝完的水，把产生的纸张等垃圾都扔进垃圾桶。

⑥ 离开的时候，和客户方在前台或者有 Logo 的地方合影。

⑦ 在路上就高效发送会议记录和答应的资料，不让客户多等一分钟。回到公司后，也一定记得感谢客户方今天的时间。

## 5. 维护客户关系的秘诀

很多人问我不会喝酒怎么做销售？其实在我的销售生涯里，真的没有为商业合作喝过一次酒。如何判断做销售是否要喝酒呢？主要有两个方法，第一是看卖给谁，也就是你的客户群体，如果在你服务的客户群体的商务场合里，喝酒是一件常事，那你的业务就免不了需要碰酒。比如 50 岁以上的客户，特别是中小企业主，大都会喝酒应酬。第二是看行业，比较传统的行业如建筑行业，比较依赖资源的行业，喝酒的概率就比较大，相反，如果你服务科技公司，或者服务大健康赛道的企业主，他们就没有这个习惯。我的职业生涯主要是在高新技术领域，喝酒不是商务场合中必需的。

维护客户关系，其实和会不会喝酒几乎没有关系。和大家分享三个故事。

第一个故事要回答大家：维护客户关系就要会喝酒吗？我之所以极少喝酒，是因为不胜酒力，我属于酒精不耐受的体质，一杯酒下肚全身通红，喝完了确实不舒服。

这个故事是一个有 25 年销售经验的大 B 销售前辈和我说的。他们做大 B 销售，经常要应酬，后来他发现如今大家都在追求健康，和客户熟络后，他和老客户们都交流过是否爱喝酒这个问题，结果发现 90% 的客户不仅不喜欢喝酒，还抗拒喝酒，只有少部分是真的喜欢喝酒。慢慢地，他只陪那些真正喜欢喝酒的人喝，剩下的他都是用不同的处理方法。比如，喜欢打球的陪打球，喜欢去露营的一起露营，喜欢跑步的一起去跑步。

所以，维护客户关系，不会喝酒不会有大影响。喝酒是破冰和增进感情的加速器，只要其他方法能解决这个问题，就不一定要喝酒。特别是知道客户的真正爱好之后，更容易处理好。

第二个故事要回答大家：我只知道客户的喜好，但是我不会客户的这个爱好怎么办？

销售 A 知道客户会打乒乓球，所以每次去拜访客户都去他们楼下与其切磋一会儿。有一次他去和客户打球，客户说："今天你只能用这个蓝色球拍，因为这个新球拍今天得我用。"他说那天确实怎么打都不如客户。后来这个客户就得意扬扬地说，这是销售 B 给他定制的球拍，他特别喜欢。销售 A 就有点吃醋地问："那个销售会打乒乓球吗？"客户说："他不会啊。但这小子很细心啊，观察到我喜欢打球了，给我整了这个好用的球拍，我很喜欢。"

所以，我们不需要客户爱骑马，你也会骑马；不需要客户跑马拉松，你也跑马拉松。你真正替客户想，真正关心他，这才是最重要的。

第三个故事要回答大家：用心是维护客户的真正秘诀。故事的主人翁是我负责过的一个大客户。

北京的冬天很干燥，空气不好，有一次在和客户电话沟通的时候，他告诉我们他很忙，很累，我听到他在电话里咳嗽了一下。因为我自己老咳嗽，所以我知道什么喉片好吃且效果好，所以我就马上给客户买了两种口味的润喉糖＋糖浆。客户很感动。他后来发现这些东西其实楼下的医药店里就有，但还是很感动，这个事情他一直记到今天。

有一次，我的下属，一个偏脑族人格的女销售问我："卷姐，我发现你和客户的关系总是很好，你能和我说一下你的秘诀吗？"我就顺手整理了一些我日常的微习惯，大概率是它们帮我轻松地维护好客户关系吧。

（1）记住客户的生日并送上祝福

我经常会在别人生日的时候给他发个红包，或大或小，都是心意。不论大小客户还是对接人的生日，都可以从微信号、朋友圈或别处看出来，在你的 App 里记录下来，到期提前 1 天提醒，做第一个给客户发祝福的人。一分钱不花的用心，贵的是你的心意。最简单的就是在微信名上备注。换位思考，自己过生日的时候，也肯定期待获得真诚的祝福并感受到他人对你的在意吧。

（2）建立关键客户的档案簿

这一点是做大 C、大 B 业务或者管理自己核心客户的小伙伴们一定要做的，我曾经在一个年入百万的金融销售那里看到非常让我惊讶的文档，他给客户的微信备注是"姓名 - 资产值 - 生日"，客户文档记录得可就更详细了，包括但不限于客户的年龄、爱好、餐饮习惯、喜欢的品牌、妻子和孩子的生日、上的培训班、特别的纪念日等。不论是送礼，还是沟通问题的分寸，都让客户很舒服。给大家提供更简单的做法，就是在微信的备注栏里随时记录你一点一滴积累的客户印象。

（3）为对方解决问题

我经常帮客户解决各种各样的业务之外的问题，比如为律所主任服务的时候，经常会帮忙出各种品牌和传播方面的建议；为销售服务的时候，经常会帮大家解决各种心态上的难题，大家需要的各方面资源，我一定尽全力帮助。还记得 2020 年新冠肺炎疫情刚暴发时，我到处求助，帮江西的客户找口罩，以便他们快速复工。

（4）任何事情都想好指引和提示

这个叫"能想到先做到"，比如大家都知道见客户舟车劳顿是辛苦和烦躁的，那么你的客户要来拜访你，你能不能提前给他路线导航和出行提示，说清楚具体在几楼，到楼下要怎么做，你会怎么去接待。分享一个很好用的方法，定制一张自己给客户的路线导航图，上面加上用互联网地图链接生成的二维码，客户长按识别码或扫码直接就能导航，很方便。

（5）为对方介绍业务

作为销售，我们会更容易看到大家的需求。我有不少学生是做青少年教育培训的，其中一个做得很不错的顾问和我分享过一次经历："我的一个客户家长是本地高端造纸品牌的创始人，另一个是当地大酒店的采购经理，我就特意介绍二位认识，后来他们果然也有了一些合作。因为我帮助过他们，所以我和他们的关系也进了一步。"

（6）为客户提供关于品牌、市场的各类建议

这是我个人比较突出的一个能力，就是在品牌传播和市场获客方面有很多经验，在客户发布的一些文章、视频中看到值得优化的做法时，我会主动给一些实战的建议。客户都会很高兴，这成了我和其他销售非常不一样的客户链接点和客户价值的创造点。

（7）资源共享，如组织社群会介绍客户加入

当你和客户在一个圈子里的时候，你们就会更亲近一些，这个圈子的形式小到一个兴趣社群，大到一个协会。总之，每个销售都有业务之外的身份，比如××品牌的车主、××月子中心的产妇、××健身房的会员，以及都是喜欢买花的群友等。

（8）和对方有关的信息、自己有感受的就会去截图互动

和客户最自然的关系，就是像朋友那样，我们也要有一些很自然的交流习惯，比如我会关注所有与客户有关的信息，有感触或者有想交流的我就会截图和客户交流上几句。这都是一种增进感情的方式。

（9）记住客户/朋友的小爱好/需求，在有合适的信息、资讯时就分享

在北京工作的周末清晨，我会习惯性地带着电脑去附近的餐厅，一坐就是一上午。我特别喜欢这个店，因为我觉得它特别有人情味，每次我去的时候，

几个熟悉的店员都会对我说"来啦"，这句简单的"来啦"道尽了熟人之间才有的亲切和人情味，真的是快节奏时代很温暖的存在。而且他们会记得我习惯坐的位置，我喜欢点的套餐和必须添加的配料，不需要我开口就会自动帮我配置好，问我："这次还是老样子吗？"所以，我总爱去这家店。

　　如果我们每个人都能对自己的客户做到这样，自然就都是维护客户关系的高手了。

　　（10）通过分类做客户的行业划分，定向送上行业热点，进行信息同步

　　这个很简单，可以做标签化管理，给客户贴标签就行。我在做学员服务的时候，每天为学员提供日常资讯就是这个作用，希望有信息可以帮助学员随时链接客户。

　　所以，怎么维护客户关系呢？**服务的本质是创造感动**。大家都知道我们国家的高铁建设得很好，但是高铁上的饭也是真的难吃。我的一个大 B 学员分享过他是如何让领导客户在出差路上吃到热腾腾的、家乡口味的、好吃的午饭的。实际上他运用的是 12306 本来就有的定制餐的服务，可以在某个站点停车的时候，准时送上预定的饭。这一举动让客户感动不已，觉得他真的太贴心了。

　　良好的客户关系是真正的关注，真正的关心，真正的喜欢。如果你想做得更好，就要充分发掘自己的多重角色。比如，你是妈妈，你有育儿经；你是健身爱好者，你有减脂心得。客户也是普通人，让你其他的身份多和客户产生链接，会有更美好的感受发生。


## 6. 要如何送客户／朋友礼物

　　什么样的礼物能送到别人心里去？在什么时候送礼物最好？这是很多销售都很困惑的问题。我觉得所有销售应该认同的是送礼不是销售真正的关键，你给客户带去"价值"的能力才是关键。

　　但是，为什么礼物还是需要适当准备呢？因为没有人会拒绝赞美和礼物。

在这里，我必须承认我个人并不是什么送礼高手，不算在盖洛普优势分析中有"独特"优势的人——只要有这个优势的伙伴，基本都是我圈里的送礼高手，但是在这些年的经验里，我还算礼物收得多、见得多的人，所以还是给大家整理一些我的独有心得，我觉得最好的礼物有9字诀：

**无负担**：价格合适，东西合适，让你和对方都没有太大负担。

**暖人心**：基于对他的观察，是对他而言有特别意义的礼物；如果你和客户关系真的很不错，一定是定制的或投其所好的。比如，爱咖啡的，送咖啡杯、咖啡豆、咖啡礼券；爱健康的，送水果，送自己家乡的水果更好，礼轻情意重；爱看展/美术的，可以赠送一场展览的门票。在礼物之外，写个卡片/电子卡片，一下就添彩了。

**用得上**：实用比可能的好看或猜不准的东西，都要来得实在。此外，礼物其实不一定要送客户，送给客户爱的人也是非常好的。比如，送给孩子、爱人。你可以说："不知道你喜欢什么，但是我猜嫂子一定喜欢这个。"送你懂的东西，很重要。

另外，关于用得上的选择，要不要注重品牌，我认为亲近的人送懂的礼物，牌子倒不是最重要的；不亲近的送体面的礼物，如大品牌的实用小物件或者小众品牌的三牌产品。

公司设计礼品的时候，在包装上要用心，可以定制公司的卡片、公司的包装纸，但是礼物本身就不要有Logo了，至少不要在外立面有明显的Logo，要让客户爱用、爱摆出来才行。我们的目标是客户常用，心里也常能记起你，就很好。不要把礼物当作宣传产品，我是真的很少会用那些收到的带有合作方品牌大Logo的礼物。

当客户对公司准备的礼物不满意的时候，你要怎么办？我们回到初心，送礼是为了什么？其实是为了增进你和客户的私交。为大家分享我的学员曾遇到的一个困境，我告诉她公司的礼物和销售个人准备的礼物是可以适当剥离的。一个金融机构给客户准备了通用的礼物，一个客户向财富顾问抱怨："你们公司提供的礼物也太不够意思了。"这个顾问很苦恼，不知道怎么回答，所以来找我。我告诉她，如果你觉得公司不够用心，客户不满意，正是你的好机会，补一个客户喜欢的、好用的礼物，这样做是为了告诉客户我是在乎你的，记挂着你的。

记得，送礼不是目的，让客户知道你在意他才是关键。最后，实在摸不透客户的喜好，有几个不太会错的选择。

书籍：要选你真正认可的，最好是你自己看过的好书。

时令特产水果：要注意配送环节的保鲜。

有品位的杯子：这是人人都需要用的实用物品，多一个也不嫌多。

很实用的小用品：这个需要对客户有一些基础的了解。

小视频：照片多、爱分享的客户，可以收集这些信息，剪辑一个小视频送给他。

这里也建议大家有意去整理和收藏一些好的礼物清单到自己的收藏夹里，好的创意都是日常有意收集的。

## 7. 多人聚餐要如何点菜

很多销售很怕在点菜这件事上没有做好，其实它并不难。假如有一天你作为一家之主，要宴请他人，你要如何配置菜色？这两件事的逻辑是一样的。

首先搞清楚这顿饭要多少预算。你可以先和决策人确定大概的预算范围，就是这次宴请你的预算空间是多大，不必全花完，但是不能花得太少，基本预算就是宴请水平的同义词。

知道预算后，务必尽量想办法了解每个人的偏好。比如，有些人不吃辣、不吃甜、爱吃肉、爱喝汤、爱吃菜、爱吃软的东西、不吃主食等。如果确实不方便了解，可以根据对方是哪里人，推断其核心偏好或核心禁忌就行。比如，福建、潮汕地区的人大多爱喝汤，川渝湘地区的人大多喜欢吃辣。

其他就很简单了。

① 点多少道菜？一般是按人数（N），点 N+1 到 N+3 道菜。

② 什么时候上菜？基本宾客落座就要开始陆续上菜，所以要和宾客、掌厨的沟通好大致时间。

③ 点什么菜？抓核心，其他均衡配比。一定要有诚意，所以要有 2—3 道硬菜或拿手菜（主菜）；人多一定要照顾不同需求，有汤有菜，有素有荤，牛羊猪鸡鱼，菜色不同，有软有硬。

④ 天气冷先备好热茶，天气热就备一点凉茶；主食晚点上；如果需要喝酒就先上小菜。

## 8. 怎么给客户发节日祝福

我在 2022 年新年前，给学员准备了一期《新年祝福怎么发？》的分享，这个逻辑可以复制到一年中的几个重要节日。

我的父亲是非常有代表性的福建生意人，非常注意礼节，每年过年都要我找新年祝福模板。到了春节，大家都很烦恼怎么给客户发有价值、有心意的祝福，既不落俗套，又能表达心意。至于怎么写、怎么发，你可以把你要发祝福的对象分为两类。

第一类：找出 10 个左右最重要的人，专属定制祝福。

祝福语公式：一个共同回忆点 + 一个印象点评 + 一个专属祝福。举例：

亲爱的王总，过去一年，咱们为了您更好地投资服务见了 3 次面，畅聊了 5.4 个小时，也通过我的专业服务为你构建了完全投资体系。（一个共同回忆点）每次匆忙见面，都能感受到您的工作辛苦，请务必注意身体。（一个印象点评）新的一年希望财运滚滚，你的退休计划推进一大步，同时也期待你

有多一些假期。（一个专属祝福）

　　第二类：剩下的你想祝福的人，也用心写一条祝福，可以改改再发送。

　　祝福语公式：自己一年的成长和感悟＋新一年的计划和动态＋钩子型祝福（最后改）。我也把自己 2022 年新年的祝福模板公开分享给大家。

　　转眼充满劲头的虎年来了，辞旧迎新之际，专门来祝福王总，也和您汇报一下我一年的成长。

　　过去一年不在规划内的我进行了职业转型，从和您结识时的人工智能科技公司高管转型成全职的知识博主，开始了一轮新的自我挑战。我有了更多时间看书、学习、自我精进，有了全网近 15 万的粉丝，我的《顶尖销售的 18 大基本功》课程拥有了来自全世界 100 多个行业的学员，不断践行着精炼工作、快乐生活，做事精进、做人利他的原则（自己一年的成长和感悟）。2021 年的感悟也和您分享：

　　1. 知行合一的才是真正的高手。

　　2. 时间是最好的朋友，但行好事，莫问前程。

　　3. 要突破舒适区，不要突破优势区。

　　今年最开心的就是有了更多时间陪父母。

　　新的一年很清晰地知道发展方向，主要是继续用互联网的力量、真正的干货去帮助更多的人。（新一年的计划和动态）虽平常沟通不多，但也常关注您的动态。（钩子型祝福）新一年三件事情最重要：身体健康，生活快乐，工作上拿到如意的成果。卷卷献上最简单也最用心的祝福：新年快乐。

　　多用点心，即使说得简单，那也是你自己独一无二的祝福。

## 9. 惹客户生气和不满了怎么办

很多销售和职场人特别怕做错事，但是我们很难完全不做错事，如果犯了完全不应该犯的错，就要注意深刻复盘，同时解决危机的能力也非常重要。我接下来分享的方法适用于成交前、成交后、新客户、老客户，请务必遵守这样的危机处理顺序。

客户在生气不满的时候，最看重的肯定不是你要如何解决问题，而是你的立场和态度。这个拿男女朋友之间吵架来比喻绝对很适合。客户生气和失望的时候，和大部分生气的女朋友一样，已经变得不那么理智了，这时绝对不是硬着讲道理的时候，所以你要做的就是真正地予以重视，真诚地表达歉意以及表现出解决问题的态度。如果你这时候只顾着事情，不理解和关注客户的情绪，一定是最糟糕的结局。

态度和立场表达到位后，务必和客户同步你解决这个问题的过程。记得是"同步"，有一些事情既然发生了，就很难解决到和没有发生过一样，但是你是否在尽力解决问题和排除客户的担忧就显得非常重要。

最后才是你为客户提供的解决方案是什么。对，这是最次要的。在问题面前，态度立场 > 你付出的争取努力 > 你最后给的解决方案。

在问题发生后，所有人都有预期，就是很难完全恢复到问题没有发生之前，但是我希望你是尽力和重视的，最后你拿出的解决方案，只要让客户感受到你的诚心，其实客户都会是满意的。关键是你在整个过程体现出来的服务精神、个人素质、公司的价值观，这些通常是不同销售和公司的差距所在。

## 10. 专业不足，服务来补

不是所有销售都能成为很有专业范的人，而且销售真的可以是各种风格的，体验意识在 2B 和 2C 中都非常适用，只不过在 2C 中的助推效果更明显。因为 2B 是集体决策，会用机制平衡掉一些个人的感性决策，我非常认可做 2C 的销售要对人性有更深刻的理解，要能唤起客户的情绪共鸣。我分享两个 2C 场景下的服务对客户体验，进而对成交的帮助。

第一个是数百万的房产销售的体验意识。

客户来源：通过互联网平台联系上的客户，当时客户在看两个片区，先看的 A 片区是一个男销售，后看的 B 片区是一个女销售，看的房子都是二手房。客户看房的顺序是先 A 片区再 B 片区，之后又回到 A 片区。女性销售多次主动带领看房，跟进得比较紧；男性销售前期跟进得较松，等到客户快看到最终感兴趣的房子时，才开始跟进得比较紧。

画像：客户是一对未婚夫妇，女性是互联网工作者，男性是企业高管，想选择一套房子自住，兼具投资目标。其中男方负责选方位和大方向，女方负责选户型和细节。女生比较忙，所以前期是男生对接的。整个过程中，这个男性房产经纪的专业感并不是特别突出，但是最后还是在他这里成交了。这个体验意识很好的男房产顾问 PK 掉一个销售能力更强的女房产顾问。

这是一个很经典的普通大 C 销售案例。怎么在专业并不厉害的情况下，让客户愿意选择你？靠你的体验意识和超预期服务。这个过程基本是甲方需求比较明确，房产顾问主要做服务、带看工作，做一些合适房源的推荐。

男性销售好在服务上多次超出期待：

① 多次在客户手机没有电的情况下，主动去帮其借充电器。

② 记住了客户第一次自买的饮料的偏好，第二次又主动备上了一样的饮料。

③ 在看房时间比较久的时候，为客户主动点饭。

④ 对于客户在群里发的一些数据需求，虽然只负责整理，没有给出任何专业意见，但是有求必应。

⑤ 非常擅长合作，中间带看辅助，谈判时找了最擅长谈判的同事来帮忙。

⑥ 经常关注客户动态，还去支持顾客的活动。

⑦ 在签约那天，给客户订了花，还一起拍照片祝贺。

⑧ 后续服务也很好，包括协调配合设计师进房量房，事后介绍买卖双方一起吃饭。

⑨ 前后共见了六七次面，每一次都增加一点好感。

我后来给这个男销售分析了这个案例，他非常惊讶。他说自己其实不知道自己为什么成功，也不觉得自己特别细心，他为所有客户都是这样服务的。我帮他定位了他最适合的客户类型是丹田偏心（这类客户有主见，也比较喜欢主导，但是需要暖心、耐心的服务），他特别高兴，拿起手机认真做笔记，这一点也打动了我。所以，用心有时候胜过很多其他要素。

第二个分享一下我认识的很多保险行业的MDRT①会员们都是如何做服务的，供服务业、咨询类销售参考。

投保前的超预期动作：

① 多个方案，管理客户预期，超出客户的承保预期。

② 已有保单整理和分析。

③ 亲自帮客户去投保医院调取资料，让客户觉得经纪人很懂医学知识。

④ 提醒客户受益人设计，买保险是为了解决风险。

⑤ 提前告知投保流程和服务流程。

⑥ 非标体管理，明确告知客户是否需要提前复查，多家投保。

⑦ 每次沟通完后，会对客户沟通的要点进行整理，同步给客户。

⑧ 客户体检，进行陪伴服务。

⑨ 分享保险是什么，保险行业是什么情况。

⑩ 管理预期：核保结果沟通／核保时间沟通／理赔结果沟通。

⑪ 保单整理（用坚果云网盘），直接发给客户，更新后客户会时时看到。

在服务期间的超预期动作：

---

① MDRT：美国百万圆桌协会，是全球寿险精英的最高盛会。

① 各地医保政策、异地就医。

② 续期提醒、生日祝福、力所能及地解决保险以外的价值。

③ 健康风险：饮食、运动等建议。

④ 知识传递：孩子教育、学区房等。

⑤ 询问家族病史、家庭性格、地址、不同地区饮食情况，结合发病率去做保单设计，并根据地区情况加购赔付的类型。

⑥ 资源整合：如医疗、教育资源等。

⑦ 医保政策：市民保／车险。

⑧ 和客户面谈的时候，可以做到讲一个小时不讲产品，从需求出发。

⑨ 调查能力：有身份信息可以帮忙查客户不知道买的什么险种，直接向保险公司电话咨询。

⑩ 见客户提前点单，等客户来了再上。

⑪ 手写亲笔信，给小朋友送礼物。

⑫ 深入交流，是否进入客户群，了解客户的行业和资源，资源整合，如养老项目上的对接，疫情期间自己买了 3 万个口罩，送给客户。

⑬ 假期和新冠肺炎疫情封闭期间给客户推荐电影资源。

投保后的动作：

① 生日回溯，把保单的生效时期提前到客户生日前一天，让客户可以用更小的年龄投保，费用更低，为客户省钱。

② 等待期提醒客户保单已生效。

③ 投保后经常跟客户互动，保持客户黏性。买保险不只是买保险，还解决其他问题。

④ 医疗服务对接。

⑤ 理赔过程中拉群随时同步信息和进展。

⑥ 保单递送服务，保单责任整理、要求提示、细讲合同。

在这 10 个体验和超预期分享之后，我想为你揭秘有这样意识的关键是：只有这样的服务意识才会让你和客户自然地建立起最关键的关系——私交。

销售有三种：第一种是特别商务，就事论事。第二种是过分腻歪，"宝贝""姐""妹""哥"都可能叫，客户挺舒服，但就是不买单。第三种也是最良性的一种，在专业上足够专业，在服务上足够有体验意识。

第一种销售尤其要注意反复看这一章节，商务感特别强的销售，好处就是客户觉得你职业，但不好的地方就是觉得你没有人情味。

这种销售特别容易出现什么问题？就是客户和你也就只是客户和销售的关系。这种关系有什么弊端呢？大家想想，当销售没有和客户建立私交时，在跟单过程会遇到哪些困境？

① 不需要你就再也不回复，甚至拉黑你。

② 非必要事情就不回复你，所以你挖掘不到信息和机会。

③ 催款催不动，因为完全按照公司流程走，不管你急不急。

④ 服务有问题，兴师问罪，不会给你解释的机会。

大家要真的理解"销售就是先'卖'自己"这句话，我才能给你彻底的解决方案。如果一个销售真的"卖"出了自己，让客户有了基于消费之外的信任和认可，愿意和你做朋友，那么就不会存在上述问题，反而会是以下情况：

① 不需要你的服务也不会不理你，会和你分享他的生活故事。

② 在其他地方也能有很多的互动。

③ 急你所急，为你帮忙。

④ 体谅你的各类服务，共同进步。

⑤ 为你转介绍，带来更多机会。

所以，有体验意识，学会超出期待，一定是最有智慧的销售。

第八章

# 可落地的长期主义

我们每个人都渴望有更多的收入，ESBI（详见下图）收入模型让我们看到了我们可以为自己构建的收入渠道：

**收入的四个象限**

大部分销售其实都属于 E、S 水平，特别是目标感强的。我自己也是这样的，工作的时候心思全部在工作、成长上，对赚钱没有其他的想法。这在职场初期是非常好的，但是也有问题。人是永远赚不到认知之外的钱的，当我们一心工作时，就没有时间思考如何更好地建立长远的收入模式。

有一种能让你的人生产生更强内驱力的思考方式，让你不用创业也能享受 B、I 模式下的收入，对我帮助很大，建议你也试试。

# 企业家思维：把自己当作一家公司经营，且你是核心产品

我深度参与了三家不同类型创业公司的创立和发展过程，有几个极大概率是正确的观察：创始人决定了一家公司。这种决定，包括如何启动，用什么样的资源和速度启动，会在哪个地方卡住和走弯路，以及如何把公司关掉。如果你深入观察一家公司，其实到处都会是创始人基因的影响痕迹。

如果是一个充满创意，喜欢做尝试的创始人创立的公司，一定会有有趣、拥抱变化、快速发展的企业风格，这类企业容易在尝试中偏离出发点，也容易在经营能力上出现明显的短板，包括风险控制方面；如果是一个严谨、追求极致、喜欢风险控制的创始人创立的公司，大概率发展路线保守、走得又慢又稳。这类企业会有独有的"护城河"，但是在商业化和变现能力上就会有明显的短板。

这种个性像不像在说你的两个个性迥然不同的朋友？对，他们的公司也会出现这样的优点和缺点。大部分中小企业，都是极具个人风格的企业，但是大部分人经营的其实也都是中小企业，大企业用规模、流程和分权来平衡创始人的优缺点和风格，也都是少数。

现在是个人品牌热门的时代，一人公司、超级个体和 IP 经济，其实诠释了一个特别朴素的道理，就是一人可以是一家公司，而且这个人就是公司最核心的产品。

如果换个思维，我们每个人的人生就是在经营一家公司呢？因为我们把

自己的所有积淀放到一家公司，持续修炼，形成了这家公司的"护城河"和商业模式，你是否对这家公司有着长远的目标，有着清晰的规划，并且把你自己作为核心产品去打磨和训练？这个公司不论做什么、在哪里，都有附着在它身上的口碑和印象，我们叫它企业品牌和无形资产。

任何一家公司说到底都在围绕三大元素作业：产品、销售和管理。

产品既包括实物的产品、信息载体，也包括无形的服务，就是你通过什么为他人带去价值。

销售指的是商业变现的部分，通常要做三个紧密相关的动作：品牌、市场和销售。品牌是让更多人认识你、喜欢你，市场是直接链接到更多潜在客户，销售是让客户付费选择你。最厉害的销售会同时把这三件事做了。

管理是为了合法合规和组织效率，包括知识管理、财务管理、员工发展等。

把自己的人生当作一个要持续经营数十年的公司，大部分人的第一次产品变现就是把自己销售给第一家公司，从此往后，你的职场口碑和职场能力就是你的个人公司的核心资产。

不同公司的商业模式是不同的。如果你一直在用自己的劳动力或者脑力亲自服务客户进而产生收入的话，通过自己实现价值交换，那就是个人博主／老板的经营模式。如果你在发展到一定阶段，雇用员工来为你工作，买入他们的时间去换更大的经济收益，通过他人实现价值交换，这就是大部分服务公司的经营模式。最后一种模式，就是你用现有的公司资产去做投资，通过资产实现资产升值，就是用钱生钱，这是金融投资公司的经营模式。你用自己、用他人还是用物生物，决定了边界、效率。

这三种模式，可以存在于人生的不同阶段，比如不少企业家都是通过个人努力获得第一桶金，后创立企业，招聘员工来发展壮大，摆脱一个人的时间精力的限制，到后期就开始用资本投融资获得更多的收益。这三种模式，也可以同时存在于人生的任何一个阶段。比如我30岁，作为知识博主，我靠脑力和影响力能够很好地自食其力，此外，我组建了团队，让团队成员帮我分担一部分工作，以拓展整体的发展边界。此外，我还做一些投资，包括房产、债券和股票等，并为自己配置了保险。

其实不引入这种思考，我相信很多人也是珍惜名誉的，也都会注重个人口碑的积累，像企业经营自己的品牌一样。但是人生的积淀和经营模式的思维，却不能自然就有，这是把企业思维引入人生的经营最有价值的地方。这样思考还有很多好处，包括：

（1）会让你真正长期主义地去看待问题和做决策

举个例子，做职业选择和规划，很多人都会问为什么你好像一直清楚下一步要干什么，而且有自己很清晰的逻辑。其实我认为大部分人的职业并不是清晰规划出来的，我就不是，毕业前，我不知道我会去创业公司，没有规划过第二家我要选择 AI 赛道，更没有想过我居然成了知识博主。

但是因为这种企业持续经营的思维，让我很清楚地知道，工作前 5 年，我的选择标准几乎只有一个，就是可以疯狂地成长，所以我要与优秀的人为伍。我偏爱创业公司高强度、高密度的训练，我也不会轻易被委屈、辛苦打败，我也不会那么在意薪资多少和一时得失。我的第二份工作的思考点是，第一份工作我还有哪些没有训练到位？看到新的突破点，让我兴奋。

也是这种类似于持续经营企业的人生认知，让我把自己的每份工作都做到极致，我带编辑团队的时候，就和编辑、作者说，一定要把你每次交出来的工作当作自己的作品，这个作品代表了你的水平。这种思维，让我不满足于让与我合作的人满意，而是要超出其期待，所以我并不会为了单纯的绩效、奖金和老板的夸奖去尽力做好，我是为了自己，因为个人品牌不是打造出来的，是一点一滴做出来的。

其实我在读本科的时候，并没有以保研为目标在学习和拼绩点，我只是用最高的要求面对自己的每次考试和作业，最后拿到了国家奖学金，拿到了学院第一名并可以参加推免面试。只要你对过程严格，做到竭尽全力，你就能做到对结果释然，而且大概率不会辜负你。

包括我为何会选择离开某个雇主公司，比如创始人过于短视或者多次合作让我觉得不可信赖，不是真的从客户角度出发看问题等，这些问题在我足够努力的情况下是否解决，企业是否可以长期主义地发展，也是这个底层思维在影响着我的决策。

（2）会激励你有效地去思考阶段规划的问题

很多人问我，为什么好好的企业高管你不做了，要在这个阶段选择做知识博主。其实最本质的答案是，这是我步入职场的第二个五年，从第一个五年的疯狂成长，到第二个五年我在打造自己的第二个"护城河"，我选择的影响力，并且我的人生阶段——女性的30—35岁，要经历家庭的组建、社会角色的增加、职场的挑战，我不喜欢被动，也会努力不让自己被动，即使第一个阶段让我拥有了足够的能力和底气，让我随时有退路（凭实力回到企业做销售副总监、销售总监，或者一线销售都可以），我选择为自己加码，去挑战自己，且拥有更多的主动权和更高的天花板。

（3）会让你科学且理性地思考商业模式和风险控制的问题

企业发展需要自己在摸索中找到第二曲线，人生也是如此，如果选择单纯求稳的人生，等于自己在意识层面放弃了寻找第二曲线的存在。变化才是不变的东西，所以要主动求变。我的很多决策，在外界看来很像"自我革命"，但是在我看来其实是不断放弃自己的舒适区。

在人生的发展过程中，不同阶段经历不同商业模式是非常必要的。福建人做生意，以及很多中小企业主，比如因为孩子成长需要看到不错的儿体项目进而投资的投资人，都在采取一种"裸泳式创业"，这些投资人之前没有真正独立负责过商业项目的运作，不懂销售、不懂管理，更没有行业经验，就是看到项目不错，就直接投资进场，所以会遇到各种各样的问题，核心就是集中在变现和管理上。

我在很小的时候就看到了这类问题的存在，当然也看到了家族企业的弊端，所以我从清华毕业后就在自己感兴趣的商业变现方向上努力学习和落地实战。

所以即使家里直接给我一笔钱去创业，我也不会选择这条路线。因为企业经营靠的是人，作为创始人，有没有能力去接住风口、做成事业靠的是眼界、认知和能力。所以，我在创业之前，第一个五年积累的是能力，第二个五年积累的是影响力和更好的口碑，也可以说是一定的资源。这种"马拉松式"分阶段跑的人生规划模式，也是企业经营思维带给我的。

假如你希望毕业 20 年后，能干一件特别有价值的大事，假如这个事情要帮到 1 亿人，我相信，你会从现在开始思考你在这个阶段需要做什么，也就不纠结你此刻选多 2000 元底薪的 A 公司还是老加班、底薪低的 B 公司了。很多问题，将时间拉长去看，就不是很大的问题。

很多业务高手，做管理是很痛苦的，除非自己想得很清楚，才能坚持在管理岗上，否则很可能还退回到一线。我自己也经历过这个阶段，这种痛苦是失控、是超越自我心智的痛苦。但是我知道未来如果我要经营一家企业，或者把我的人生当作一家公司来持续经营，管理能力是必修课，我必须学会管理且享受它。

管理能力和销售能力一样，是经营人生公司的基本功，这也是我做知识博主后，先后产生的两门落地实操课《顶尖销售的 18 大基本功》和《卓越销售管理三板斧》的思想根基。这两个能力象限究竟有多重要？你不妨看一看，是不是大部分企业经营失败，要么是因为没有变现能力，要么是因为管理一团糟，管理者变成了公司最大的瓶颈。

# 投资者思维：时间、精力和口碑都是你的资本

若说什么是人生真正的基本功，我觉得就是正确看待和使用每个人最宝贵的三样东西：时间、精力和口碑。

很多人都为时间管理感到困扰，羡慕那些能在同样的时间内做出很多成绩、体验很多事物的人，还有一些人在做看似聪明的决策的时候，丝毫没有考虑过，自己很多时候敷衍的不是工作，而是自己有限生命的有限成本——时间。

人生在我看来就是一场带着价值观的目标管理，时间、精力和口碑是奔赴目标路上的核心成本，没有人能无限地享有他们。所以一定要想好你要去哪里，也请记住，它们是稀缺的有限资源，我们要为自己的目标去分配时间、花费精力和运用口碑。

在时间、精力和口碑中，时间对每个人是最公平的，每个人都是一天有24个小时，大部分人都是在吃喝拉撒睡中用掉10—12个小时，这是我们身体机能运转所必需的时间。剩下的12—14小时如何使用，造就了不同的人生状态。因为他们已经注意到了时间花费模式的影响很大，这也是很多人有时间管理意识的原因。

我们通常所说的时间管理，我觉得不是准确的说法，时间不需要管理，而是需要清晰地规划，也即我们人人都需要"时间规划"。真正需要管理的是我们的精力，因为精力不如时间状态平稳，能准点地推进时钟和切换日夜。

你发现没有，你身边会有那种精力无限好的朋友，感觉他永远充满激情，

有力量，好像不知疲倦，甚至也有那种天生每天只需 4—6 个小时睡眠时间的战斗机型的伙伴，但是你或者另一些朋友，身体天生单弱，每天必须午睡，容易生病，运动能力和续航能力都不如普通人。所以，精力的管理是需要因人而异的，大家所推崇的"时间管理"，其实等于时间规划＋精力管理，让你在最合适的精力状态下做最合适的工作，来实现个人效能的最大化。

精力管理的前提是了解自己的精力。这个很简单，做一段时间的认真观察就行。先做自我的观察比较，比如跑步，大部分人只能早上或者晚上跑，我就尝试过一段时间早起跑步，实际效果就是它起了反面作用，早起的体力消耗让我觉得一天都疲惫，但是如果我是傍晚运动，不仅能让我在一天的忙碌后感到轻松自在，而且能让我在晚上也有非常好的状态去处理各种事务。又如睡午觉，一部分人如果不睡午觉，一下午都很瞌睡，但是有些人午饭后并不会觉得身体沉重，反而更清醒。所以，是否睡午觉其实是顺应个人精力管理的调节手段，选择适合你自己的就行。

精力管理还和你工作的交互环境有很大关系。在我的工作经历里，有一段没有任何业绩压力的内容创作者的生涯，也有一段每天都要处理各种客户问题和顶着目标的销售生涯，这两个阶段的精力管理模式也完全不同。我知道的一些核心靠内容创作的公司，管理都会比较散漫一些，因为这些内容创作者需要在比较松弛的状态下，才能有比较多的创意和灵感。这时候的你排满了 To Do List，你的精力管理不能用最大化利用的思维，因为你需要大段的向内求的时间，满日程不代表绝对的好产出。但是做销售这种有很多碎片化的事务又高压的工作，是很难做到很松弛的，你需要做到"多、快、准"，这时候你的精力会被大量对外交互型事项撕扯，所以精力管理尤为重要，需要大块投入的时间精力事务，必须被安排在独处的清晨或者深夜。

对这件事情感受很深刻，是因为在帮公司开疆拓土的销售生活里，我几乎没有产出过什么文章，根本写不出来，因为我的精力、脑子、时间都无法做到松弛和足够的有创意。

大家可能会问，卷卷，我理解且认同你说的时间、精力是成本，时间是每个人公平地拿到同等份额，精力的获得可以说一半是父母决定的，一半是生活习惯决定的。那好口碑为什么也是成本呢？口碑是公平分配的吗？

当然，只有你真的认为口碑也是有限的好东西，你才会很珍惜和重视它。比如，我们每一次做了错事，或者没有按照好的标准去交付产品，消耗的不是时间精力，而是口碑。包括很多人能做 KOC、KOL，本质上也是在过去的每一次交付中，为自己积累更多可用的成本。口碑是我们最能掌控的成本，你越重视它，就越能用各种行动去争取到更多的好口碑，你越忽视它，就越会增加坏口碑。

所以，论我们对人生三大可以投资的成本的掌控度，口碑是最能受我们掌控的，其次是精力，然后是时间。时间我们改变不了它的进程，只能左右它的分配。

埃隆·马斯克曾说过："我想做成一件事，只需要两个东西：意志和方法。"他作为顶尖的企业家，并没有说我想做成一件事，需要资金和人才。

我们每个人也要记得，我们想要做成一件事，无非也只需要三样东西：时间、精力和口碑。**规划好时间，管理好精力，积累好口碑，这是所有人通用的成功致富的捷径。**

## 1. 如何规划时间和管理精力

我从小就是能一下子做好多事情的人，在学生时代，仿佛学习是副业，做学生干部、跳舞、做老乡会会长、创建社团或者创业才是正业，朋友圈还经常能看到我享受生活、坚持运动的分享，身边的很多伙伴曾向我求助怎么做时间管理。

除此之外，我经常听人说"我觉得好累好忙啊，我都要疯了"之类的话，甚至还有"我最近学了好多东西，我都觉得吸收不过来了"。我想其实这都是一样的困境。

不论是精力管理还是时间管理，在我看来，其实都是伪命题。因为时间和精力都是我们的成本或者叫资本。你一直说成本不够用啦，资本紧张啦，但是可能需要问自己，你的成本投入的产出目标是什么？你的时间精力是否紧紧围绕你的产出目标去服务？你是否可以放弃一些事情，聚焦一些、专注一些，然后留出时间来休息呢？

我觉得，首先，要继续看这篇文章或者追到这个问题答案的人，都要对一件事情有巨大的渴望。这种渴望就是："我一定要自己掌控好自己的生活，绝对不能被动地被生活掌控和推着走。"

在分享我的答案之前，要先分享一些好习惯。包括：

（1）留有余量

我是从小一放暑假、寒假，就会在第一周或前几天把所有作业都做完的人，是一个考试之前，即使前半个学期玩物丧志，也一定会在期中开始自学，保证自己进考场之前，有了自己的认知体系并复习3遍以上的考生；在职场中，我也一定会从容地安排好所有工作事项，从来不需要老板催着我要东西，所以我有一些时间做超出期待的事情。总结来说，我会尽力让收到的事情在第一时间或最合适的时间，在最后期限来临之前很早就完成了。

（2）提前规划

我很少突然接受什么挑战，一般我会喜欢想如果我接手一个事情，我怎么让它变得可控，我需要什么要件，别人会希望我能做点什么，所以会早早地先做好一些准备，并把规划简单地列出来。到目前为止，我坚持了好多年日程规划的习惯。

（3）马上做

在需要大块时间才能做完的事情上，我会马上做一个开头，因为做一点开头的工作，就会形成一种积极的心理暗示，事情已经开动了。可以在10—15分钟做完的事情，我会选择在当下就做。

这些习惯大概是真正的魔鬼，但今天我要分享一些特别实用的、会对大家有所启发的时间和精力管理方法。

（1）我基本不做真正的时间规划和精力管理，我只做目标管理

任何事情都有一个好方法，就是抓关键，我称之为关键要素思维，在决策关系里找核心决策者、在一群成员里找最有影响力的人、在一段时间里找关键时间点，我们手里的资源从来都是有限的，所以就抓最关键的。在我们的个人资源中的抓手（即关键点）是你的目标。

你清楚了自己的目标，就要知道你的时间和精力要花在哪里，才能做到大胆地放弃和真正地专注。专注不是只做一件事，专注是把你的资源用到你的目标上。

（2）分类分级

我认为这是我推崇的规律性思维、结构性思维的底层思维，我们要让杂乱的事务变得清晰明确，简单的方法就是先分类，然后再在同类里进行分级，比如我们把事情分为重要、不重要就是用的分类思维，分为紧急和不紧急就是典型的分级思维，用坐标轴交叉后，就是分类分级后的 4 个类型的事情。

比如，我们将目标分为生活和工作目标，这是一种分类，在工作目标里会排序最重要、必须完成的，然后才是锦上添花的，我们经常激励拖延症 / 完美主义的人说"完成比完美更重要"，完成和完美就是被分级了，完成是优先级。

（3）舍得放弃、懂得转移

怎么决定要不要放弃吗？唯一的判断标准是这件事对我的目标有直接促成作用吗？怎么决定要不要转移呢？核心判断标准是这件事必须由我做吗？别人来做效果是不是一样或更好呢？

接下来我拿一天的日程来和大家分享。

①目标第一位。我会在自己的常用工具里，在日程表的第一排清晰列出本月的目标，这样我每天打开日程安排表的时候，都会再提醒自己要聚焦。目前我的日程主要是用印象笔记，打开一个笔记，先写自己的月度目标。

②我会结合之前的遗留事项，每天睡前列第二天的日程安排。

③感觉事情很多，可能超出精力范围，我就会选择删掉和转移，比如我会合并同类项：在回家的路上买牙膏和洗发露。我会换方法解决：告知朋友王姐我的日程安排，然后改成送花篮和礼物到新址，写个卡片祝福，把见王总谈方案，改为线上电话沟通。我也经常会删掉一些干扰的活动项。

| 9月10日日程安排 | 改进方法 |
|---|---|
| 晨会 | |
| 跟进6个客户项目 | |
| 回复张××的咨询 | |
| 开技术同步会 | |
| 见王总谈方案 | 线上电话沟通 |
| 做下周讲课的2小时课件 | |
| 学习××知识半小时 | |
| 运动30分钟 | |
| 参加王姐10：00—11：00开业典礼 | 告知朋友王姐我的日程安排，然后改成送花篮和礼物到新址，写个卡片祝福 |
| 买牙膏和洗发露 | 在回家的路上买牙膏和洗发露 |
| 复盘会 | |

（4）先分类再分级

一般我会按工作和生活先分类，然后再分自己独立完成和需要与他人互动完成的事情，然后把最重要且最难完成的事情放在前面。因为我们面对难且重要的事情，会有天然的惰性和恐惧。像晨会、复盘会议这种已经成为惯性动作的，我会单独列出，因为无须提醒。

（5）然后开始做真正的日程安排

需要1个小时以上、独立做的事情叫"独立青蛙"事件，需要和别人沟通1小时以上的是"互动青蛙"事件，只有10多分钟的叫"蝌蚪"事件。"独立青蛙"事件一定会在独处的大段时间提前做完。面对这么密集的日程，我会安排成这样：

| 上午 | 中午 | 下午 | 晚上 |
|---|---|---|---|
| 做下周讲课的课件 | | 改项目汇报文件 | 团队复盘会 |
| 公司晨会 | | 15：00 开技术同步会 | 回家的路上买牙膏和洗发露 |
| 跟进 6 个客户项目 | 和 ×× 主任一起吃饭 | 16：00 和王总电话沟通方案 | 运动 40 分钟 |
| 回复张 ×× 的咨询 | | 留点时间解决突发事件 | 洗澡 |
| 修改后台文章并发布 | | | 学习 30 分钟 |
| | | | 睡前列计划 |

我是这样思考的：

做下周讲课的课件——"独立青蛙"事件：早起 6：45—8：20 做，做了肯定很有成就感，攻克了一天的大难题。

跟进 6 个客户项目——因为需要等别人回复，所以会在上班时间先发出邀约，上午时间只能做碎片化的"蝌蚪"事件。

回复张 ×× 的咨询——"蝌蚪"事件：见缝插针花 10 多分钟做完发出。

修改后台文章并发布——"蝌蚪"事件：见缝插针花 10 多分钟做完发出。

改项目汇报文件——"蝌蚪"事件：见缝插针半小时内做完。

（6）看完第二天的安排，再看一下它和自己目标的关系，看到自己的节奏很好，心满意足，在期待着第二天的到来中睡去。

当然，日程不可能完全按照自己规划的来，计划不如变化，但是谨记自己什么要做、什么不要做，灵活应对，保障没有大偏差。

目标管理是所有管理的抓手，不仅是时间、精力管理，也可以是团队和所有行动计划的管理。管理好目标，管理好你的生活。有留白的生活，才是充实且快乐的，像留白的艺术品。

## 2. 个人品牌是做事做出来，不是打造出来的

销售都要注意在自己的业务发展过程中形成个人品牌。销售中最难的环节是信任。为何有个人品牌的销售在成交中会容易很多？因为销售的第一步就是"卖"自己，所以我们都说要注意对外的自我展现，别人喜欢你是不需要理由的，你在自己隐私边界之外，展示好真实的自己即可。

巴菲特曾说过，人生就像滚雪球，最重要的是发现很湿的雪和很长的坡。[①] 这个时代，"无形的影响力"一定是这个坡。但凡自己做过老板的人，都知道市场成本是一个硬成本，而且，这个成本都不低。

在圈子里，总有一些销售的口碑是非常好的，他们都有什么共性呢？我观察到有以下四点：

第一，高要求做自己接手的每一件事、每一份文件。这些口碑好的销售，你和他接触之后会发现和他合作的每件事情，他都是用心、高效地做完的。

第二，学会超出期待，给别人创造惊喜。

第三，长期利他式输出。

在这里我特别说一下，很多人觉得自己讲不了什么东西，这其实是知识诅咒，总觉得自己知道的别人都知道。其实你知道的任何事情，至少都有1亿人不知道。实际上做销售有个很好的成长路径，就是你有机会站在一个行业/群体的侧面，去获得非常多的信息，你可以全局最少也是切片式看行业。

所以要总结，要敢说。而且输出是训练你深度思考最好的手段，如果你没有深度思考，客户也可以从你的表达里看到你的深度思考能力。如果你没有这个能力，你也很难成为客户最好的顾问。另外，我说了大家要发好朋友圈，其实发好并不难，也就是保持输出，因为你输出就是说你自己的话了。

---

① ［美］艾丽斯·施罗德著：《滚雪球：巴菲特和他的财富人生》，覃扬眉等译，中信出版集团 2018 年版。

第四，好审美会加速品牌力的成长。好看的图片自然带有传播力，包括好的排版、好的图片都很重要，一图胜千言。

如果你也想打造个人品牌，不是必须去报名参加课程学习。我始终认为，人的一辈子就是一场品牌口碑积淀的旅程，品牌的打造在日常，以下这些动作才是形成品牌的关键。

（1）写

写出你的所思所想，带给别人价值。文字的传播是隽永的，最简单的方式是发微信朋友圈，你也可以去其他自媒体平台发声，如微博、头条、领英等。

（2）说

可以开一个视频号，选择自己最喜欢的平台开始做。就算你没有火，也训练了自己的镜头感、输出能力、逻辑思维表达能力，如果你长期输出有价值的东西，也一定会获得关注。

（3）做

自己做事的风格的打造才是最核心的品牌之一。比如，我日常处理事情很快，并且事事有回应，那么大家就会产生印象：有事情找卷卷，会很快且很靠谱。

## 3. 销售特别要注意的财务观

我在毕业三年的时候，就存够了自己在北京买个小房子的首付，在毕业5年后有购房资格的时候买房，压力就不是很大了。我是个非常普通的人，从小父母就培养了我的储蓄思维，但真正的理财思维是在新冠肺炎疫情暴发后才有的。但是我知道大家赚钱不容易，销售的职业特别点是长期情绪高压、工作强度大，所以也会导致许多人在消费观和财务观上有一些特别的偏好。

包括但不限于：

①非常喜欢和专注于短期目标，喜欢专研目标，对其他方面就很少花心思，比如如何守好和让已经赚到的钱继续增值。

②开支比较大，经常因为工作很累、压力很大，赚到钱后容易有犒赏心态，给自己买好吃好玩的和好看的，甚至经常买名牌包包。

③性格比较冲动，缺乏中长期规划思考。

④缺乏体系思维，赚了钱也不知道如何更好地使用，还会持续焦虑。没有看清钱是工具的本质，容易把赚钱当作目的。

⑤销售的赚钱逻辑是主要靠提成，有时候多有时候少，大部分销售的薪资都不稳定。

我想分享对我帮助非常大的、来自我母亲的教育。财富本身不是你赚了多少，而是你拥有多少，且你能让它给你带来多少快乐、安全感和自由。

小时候，我是典型意义上的留守儿童，父母为了生意常年在外，但是每次最关键的时候，我妈都在我身边，初三、高三和司法考试备考时期，我妈一定会选择回家照顾我一年。我初三时妈妈是在家照顾我的，高三是我搬到了校外住，妈妈来照顾我的起居，司法考试那会儿，她也来北京照顾过我两个月。

后来我从中国政法大学保送上了清华大学，就有不少人和我妈请教怎么育儿。让我在关键的时候心无旁骛地学习，吃好睡好，这就是我妈养育我的核心法则。她总说："她的学习我也帮不上，我自己字都不认得多少。"但是，实际并不是这样的，我妈给我的，她未必能总结得出来，那我来替她总结好了。

我从小学就有早起的习惯，妈妈为了保护我的视力，在家里种了一个菜园，让我每天背诵的时候，眼睛要盯着菜园看。为了我的健康，妈妈每天早上起来都去买最新鲜的空心菜，炒花蛤、煮清粥，给了我特别脆口美味的童年清晨。初三晚自修回来，我总是手脚冰凉地钻进被窝，我记得是妈妈用她的手脚帮我把手脚焐热了，让我快速睡着的，她总说："快伸过来，妈妈还嫌太热了。"到了高三，她看我晚自修回来还在学习，就一直劝我去睡觉，看我不睡，她也睡不着，就起来给我做夜宵。那时候我也爱美了，要求夜宵都是低碳水的，所以我妈给我做的夜宵，都是定制的低碳水版。我记得好多这样暖的片段，我的很多读者和粉丝说我能给人温暖和力量，我想是我妈用自己的一举一动告诉我，什么是温暖和爱。

此外，还有一些在小时候看来很小，在现在看来在财务观和消费观上给我带来很大人生影响的事。

我的留守经历是，小学前四五年是外婆来家里照顾我们，上了初中在奶奶家吃，回自己家睡。初高中就开始有了自己的小金库。福建孩子大都有很多的压岁钱，我妈从小就会给我一定的金钱掌控权，特别是到了高中和大学，自理的生活费用高了起来。我妈对我说过几次的两句话，奠定了我的财务观，甚至是消费观。这两句话都是克制地管理钱这个工具的代表：

"把钱交给你，你能自己管好，就一辈子都能自己管；管不好，以后只能我们来管。"

"要买必须用的，买就买好的东西。"

此外，她还进行了榜样教育。当时我姨去了台湾工作，表哥一个人在家生活，存了5000元钱。我妈就对此表示赞扬，后来我也暗自下决心，偷偷攒钱，直到后来有一天我拿出了9500元钱，给了我妈一个惊喜。

可能是父亲从不宠溺，或者个性使然还是什么我觉察不到的原因，我从小就觉得人生需独立，一切靠自己，这种独立是骨子里要奋发图强。但是有一件事情和我妈说过的一句话，我觉得对这种思维起了很大的助推作用。因为我是妈妈抱养的女儿，而奶奶是重男轻女的，所以留守寄养在奶奶家，小时候是受了些委屈的。

妈妈对我说："你一定要自己强大，别人才会从内心真正地尊重你。"现在看来，这是极其正确的价值观影响，这样的影响里没有保护欲的偏执，也没有引导我受委屈要埋怨，她让我自强，因为这是谁都影响不了、拿不走的底气。

自强让我拼搏，拼搏后能守住获得的财富也是妈妈对我的教育。在工作以后，我会拿一张表格来记录我的财务情况，用目标管理的思维来管理我的收入。

还有一个比较有益的思维是我们在和财务的关系上，不必盲目羡慕别人因为理财又赚了多少钱。市场的规律永远都是回报越大、风险越大，如果你能比较早地认清自己的风险偏好，你应该就会和我一样，花主要的力气在自己喜欢且擅长的工作上，财务增长选择比较求稳的保守风格，因为我觉得慢慢变富就很好。

一方面我不是物欲很强的人，另一方面我对理财投资并没有很大的热情，我们很难在自己没有投入热情和时间的领域获得更全局的认知，从而也不会享受到掌握这个领域的红利。

在中长期规划里，留出养老的、家庭成员深造的和体验世界的资金，这样就能最大限度地避免中年的窘迫。希望我的分享，能引起你对人生与财务关系的进一步思考。

# 普通人的突围：靠的是自我教育

**不要看着强人的现状说："我没有这个能力。"因为所有的强者都是一步一步从不成熟、不会、不懂走过来的。**

写书期间，我的侄子马上就要中考了，由于他的数学成绩一直不是很稳定，大嫂就让他给我打电话，让他不要不好意思找自己的姑姑求教。当我们谈论到数学题目的底层逻辑就是核心公式的拆解和去找到等号两端的对等时，他频繁地说到"我没有到达这种高度"或者"我没有这种天赋"。

我告诉这个 15 岁的男孩，其实没有谁天生就有这种"天赋"，都是有效训练的结果。记得是训练，而不是一味地重复，所以，如果你可以把做错的题目放在一起，找一下是否都是错在一个问题上，再找到没有弄懂的核心难点，下次你就会尽可能地避免同样问题的出现。

在我读高中期间，邻居和同学里有不少比我勤奋得多的校友，但是一味地勤奋和重复并没有带来理想的结果。学习期间，我们学到的所有东西未来不一定能用到，学习最大的价值是训练你的思考和解决问题的能力。但是很多人并不这么思考，他们思考的方式是：我没有这个能力。把现状当作借口，而不是去积极寻找解决方案。

我们的人生就是会遇到很多困难的事情，比学习更难，比如工作后，没有人带你，你第一次见客户，比如你打电话联系客户老是被拒绝，比如你要做管理但没有经验。面对这些困难最差的方式就是逃避，因为我不会，所以我不做。可是谁又是一开始就会的呢？

勇者总是在接受挑战和完成挑战中突破自己。所以，记得，如果有一件事让你觉得难，不要往后退，迎难而上才是解决问题的终极思路。你害怕演讲，但更多地进行演讲才会让你因为熟悉变得从容，因为从容变得自信。

很多人会讨论原生家庭对自己的影响，但我们理解自己的社会化过程的影响因素，绝对不是给自己找理由和借口。

我们无法选择父母，父母也只是普通人，可能会有认知狭隘，可能会有社会偏见，还可能有很多负面的习惯和错误的引导。大部分父母都很爱自己的孩子，但是也有不合格的父母没有足够的良知。不论你有怎样的父母，都请记住：人生是一场独自旅行，你的突围要靠自我教育。

我记得小时候，如果同学或者表兄妹有非常强势的父母，都会很痛苦，因为他们觉得自己总是被安排，没有选择权。其实父母的终极目标几乎都指向了一个：你能过得好，希望你能过得快乐。记得这个目标。如果你想说服父母，你可以走一条和他们理解的不同、超越他们认知的道路，证明你可以靠自己的选择过得好，并且可以更好，这是比争吵有效得多的解决思路。

如果我顺从了父母对我人生的建议，我大概率不能有今天的自在。我的父母和你们的父母一样，希望我好好学习，考一个公务员，嫁得近一点，早点结婚生子。我没有走他们期待的路，但是通过自己的努力让他们满意且不操心，所以父母也极少唠叨我。

第一次大的人生抉择是高考，大哥给我推荐了个中间路线，学法律。从那以后，我靠实力，一次又一次地让父母放下自己的执念。在个人经济独立方面，我靠实习、代购和后来创业积累了人生的第一桶金，在清华读书期间没有用家里提供的资金支持。在学习成绩方面，我超出父母期待，获得了保送清华硕士的机会。

等我去创业公司的时候，其实我没有和父母说清楚我在做什么，父亲一度以为我是在北京哪个律师楼工作，后来我去了人工智能科技公司，我的父母就更不懂了——什么是人工智能？更好玩的是，当我做了知识博主，我父母终于能理解一点了，但是他们理解的是我就是做直播的，想想也真是怪可爱的。

我是如何一步一步拥有自己的人生掌控权的呢？只有一个秘诀：以终为始，没有给自己退路。人生由我，也是靠自己。

人生最终是一段自己要整合好需要的资源，自己铺设前进道路的个人旅程，你可能有伴侣，也可能没有，你可能有家人、贵人帮助，也可能没有，所以必须学会走一条自我掌控的路，这条路叫自我教育。

自我教育是做一个有目标的人，然后在每一次奔赴目标的路上，去靠近高人，去学习和探索，不断反思总结，让自己就像一块海绵，能吸收很多营养。自我教育主要依靠三件事情。

（1）坚持学习并保持持续地向上链接

这是不缺学习资源的时代，只要你想学，你就可以去各大平台上找到高质量的内容。好的学习习惯，指的是不仅有学习的习惯，而且得会学习。会学习包括你的学习是在你的阶段目标下的计划的一部分，我们的时间精力有限，大部分学习应该为目标服务。还包括你学习后得能形成体系，能让你的知识形成串联，而不是散落一地、毫无关联的沙子。

很多时候，努力上好的学校、进入好的公司，是在选择一个能够促进自己成长的好圈子。此外，我们还可以通过知识付费进入一些好圈子。圈子的力量就在于高质量的信息、积极的氛围和超越认知的刺激。向上链接，指的是你要多和比自己更厉害的人交流、接触、学习，见贤思齐。我会阶段性地给自己找一个很欣赏的女性榜样，我并不崇拜哪个 idol（偶像），但是会发自内心地向她们学习。

（2）不断地总结思考，悟到人生的基本功并扎实训练

任何事情都能找到规律，我喜欢并且痴迷于找事物的规律，因为我认为这是最有效的方法。每当我第一次做一件事的时候，我会想清楚，我为

什么做这件事，什么才是把这件事情做好的标准。知道了为什么，也就能更好地面对工作。第二次、第三次，我会边做边想怎么做才能做得更好更高效。做到第十次甚至更多次的时候，我就一定会总结出一套方法，这就是规律思维。

规律思维让我总是比一般人更快找到做事的本质，成长得更快、做得更好，并且能很快把方法带给别人，带出团队，并解放自己，投身到更难的事情的规律发掘中去。

（3）知行合一

这一点是最重要的。学了不用，等于没用。如果看了一堆圣贤书，听了很多王牌课，你却还是做不好当下的事情，那就是知行合一出现了很大的问题。不妨问问自己：

你真的理解了吗？你真的认可了吗？理解并认可了以后，就要一点一点去落地自己学到的方法，比如我在《顶尖销售的 18 大基本功》的第一节课，是教学员在商务场合和生活的各个场景，认真做一个吸引他人链接你的自我介绍。有许多学员非常快地按照我的方法设计出了一个独有的自我介绍，效果非常好，但是也有一些学员听了觉得不错，然后就没有然后了。

特别是技能类的知识，必须要用到实务中，才得以见效果。提高认知的知识，建议要输出，讲出去。所以实战和输出，是内化以及做到知行合一最核心的方法。

## 1. 销售三层能力理论

我的学员来自 100 多个行业，我是能感受到不同行业的人才素质不同的，而这种不同，并不只是因为一些行业的门槛高，所以用的人才素质高。我看到的更重要的是因为这个行业的客户要求高，所以让这些从业者在各环节得到了更加复杂的训练，所以显得更厉害。

很多人工作做得好，都不是因为自己有一个绝招，而是因为有整个能力系统作为支撑。一些有天赋的销售不能长期做好业绩，而不是特别有天赋的销售，却能长久地吃到属于他的一块蛋糕。

我将我的发现称为三层能力理论。

（1）人生底层能力

哪怕一个人不工作，想要过好自己的人生，也需要几项非常基础的底层能力。包括时间规划和精力管理能力，即你能不能很好地规划好自己的时间安排、学习新事物的能力。

（2）职场工作能力

你在职场上任何一个岗位都可能需要调动的能力，包括资料整理的能力（如使用 Excel、PPT 和视频会议软件的能力）、协作能力，能够和别人很好地配合来完成工作的能力等。

（3）本职专业基本功

比如作为销售要能够非常好地表达产品、洞察客户需求、了解行业的内部规则，通过破冰、获得信任、福利布局等实现成交。

我们的任何一次工作，都在调用这几层能力，所以我们要在工作过程中，不断去训练更底层的能力。我们每个人的圈子中都会有一种人，我们认为他做什么事都能成，其实是因为他的底层能力非常出色。

人生其实是一个看着是在做表面的、金字塔尖的工作阶段，但是实际上都在调用并训练下层能力。比如做销售，我发现销售无时无刻不在运用时间规划、沟通表达能力并且这些能力左右着销售的结果。比如备战高考的学生，看似只是在学习，但是也很需要他们情绪管理、精力管理的能力。

我们是如何获得下层能力的呢？我们并不是天生就拥有下层能力的，我们是借助每一个人生阶段所切换的职业角色/人生角色来不断训练下层能力的，而之前阶段所训练的底层能力，则会成为后续阶段的地基。

借事修人，这是成为一个高手必会的学习逻辑。即借助工作角色去训练职场底层能力和人生底层能力。

为何需要这样？因为我们的人生很少只有一个角色，也很少只经历一个工种。

举个例子，我作为销售教练的时候，很多人问我："你没有经历过我的行业、我的岗位，怎么会了解我的场景？"或者"你并不是所有销售类型都经历过，你怎么会认为销售的底层逻辑是通用的？"

这就要回到最真实的情况，即没有一个人成为销售教练之前会经历这世间所有行业、所有类型的销售，所以能剖析底层，能很快洞察到问题的本质，并引导学员解决它，这才是最核心的能力。

如果不这么思考，而是认为只有经历一个工种才能理解一个工种，我们遇到的麻烦和问题会很多，比如换了一个行业或者一个产品，就突然不会工作了；遇到一类新的客户难题，就不会解决了；一段工作结束后，发现经验只是经验，是没有办法快速迁移到新工作中的。

## 2. 如何自我持续学习

学习是非常应该和目标管理绑定在一起的。关于这一部分我有很多有效的心得。

首先，要梳理清楚自己的目标，围绕目标去学习。不要把自己放在一个知识焦虑的环境里，要自己掌控知识，让知识为自己所用。很多人是学习成瘾的，可是我们真的需要学那么多吗？有不少人一下子给自己报名了太多课程，最后被学习控制了，根本没时间转化。时间、精力才是最贵的投资，你要将它们投入到那些和你的目标有关的地方去。

其次，学习完要怎样做效果才好呢？学习完一定要多用、多输出，将你学到的讲给别人听，然后继续学，转化成自己的认知，再次输出。

再次，学习一定要有体系，不要碎片化。碎片化的信息会一时让你觉得有用，但是没法形成一个逻辑闭环，从而很难从根本上解决你的问题。

在社交媒体上看的好东西忍不住先收藏，真的有用吗？相信我，你不会有太多时间去回顾和学习，要消化就要当场搞定，别对自己太有信心。

最后，要学会付费。换个角度来说这个道理：极少人是在费力做"公益"的，人家花了大量时间、精力准备，如果免费，一定是因为未来有更多诉求。

有一个让我深谙付费才是最好的模式的小故事：我有一个很好的朋友，是一名健身教练，新冠肺炎疫情期间我让他帮忙出个健身计划。因为是朋友，我们没有提钱，但是因为不是付费的，所以他晚给我计划我也不好意思催。后来我就和他说，我们就付费，不要因为是朋友不好意思。付费了我才能成为真正的甲方，可以要求对方按时交付，对方才有责任感。这也是对人家专业最好的尊重。还有事关自己目标的学习，付费了我才会更认真。不付费，很难觉得自己有成本投入，也非常容易坚持不下去。

我向牛人请教的时候，都会自动付费，一般用发红包的形式。一方面，是让他觉得被尊重，也更能激发他的善意。另一方面，你能雇用别人，本身就是老板思维，你在让别人为你服务。所以，一定要学会付费，为别人的付出付费。

总结一下：**体系化地学、付费学，学了用了再去学；少收藏、多思考，围绕目标花时间。**

# 俯下身去：你厉害不重要，能帮助多少人才重要

不论你觉得自己厉害还是不厉害，记住有一个法则，会让你找到更本源的安定感：你可以为多少人创造价值。

这句话的两个版本，都能给你最恰如其分的提醒。

对于像我这样有点小成就的伙伴：记住，你多厉害不重要，你能成就多少人才重要。

对于不自信甚至常有自卑感的伙伴：记住，你不厉害不重要，去为他人创造价值、带去帮助才重要。

（1）去一个陌生场域证明自己的唯一办法：重建价值

不知道大家是否有这样的体验，原本你在一个地方/领域，有着不错的成绩，但是换了一个地方，突然发现没有人认识你，没有人在乎你，更没有人觉得你是不一样的、特别的、厉害的，你内心一定会有一种很强的不适感。你要怎么做才能重新找回自己内心需要的价值感，才能重建能让你在新地方存活下来的圈子呢？

我在小红书等平台上的成长，就验证了这句话：你多厉害不重要，你能成就多少人才重要。

在开启小红书分享之时，在原来的法律行业内，我觉得自己有点成就，是有自信的，但是到了一个完全陌生的地方从 0 开始，并没有人管你是谁，你厉害不厉害，到了陌生场合大家都用新的价值观重新审核你，所以大家去了一个新的公司圈子，或者从自己排名前列的初中到了人才多得找不到你的

更好的学校，都会有挫败感。

后来，我再次意识到，销售这个职业始终都在讲述一个很朴素的道理，就是你是谁其实不太重要，只有你能为对方创造价值，你才会获得更多的关注和成就。通过成就他人，成就自己，这是人类最简单的价值交换逻辑。

我从最初的 0 到半年后在全网拥有 16 万精准销售粉丝，从一个法律科技公司高管，变成了一个全行业的销售教练，就验证了你对别人的价值有多少是最重要的。

（2）如果你不自信，变得自信的最佳方法是：为他人带去价值

我曾在很自信的时候，深深地因为无法给对方提供我认为应有的价值，而产生很强的不安和挫败感。我也见到过不少销售资历平平，但是因为他成就和帮助了不少客户，所以整个人洋溢着自信和快乐。

我在《顶尖销售的 18 大基本功》的课程开头，就深入讲了作为一个商务人士，如何做自我介绍。自我介绍之所以这么重要，是因为生意基本都是产生于弱关系，即陌生人之间。在和陌生人的关系建立中，第一印象很重要，而第一印象的建立核心就是靠一个真正有效的自我介绍。

检验自我介绍有效性最简单的逻辑就是：别人会不会想跟你这个人产生"链接"。

为了方便实操，我给我的学员提供了四个可选择的角度来呈现自我介绍的内容：

① **我很厉害**。可以用公认的第三方背书，比如名校、名企、厉害的成绩、官方的认证、嘉奖等。

② **我对你有价值**。比如，我特别擅长你这类公司的销售流程打造，我从事的是医生、律师等谁都愿意交个朋友的职业，我在某领域有很多资源。

③ **我们是同类**。所有人都喜欢同类，中国人喜欢老乡就是因为这个心理，还有我们认可校友，我们甚至对去过同一个地方旅行的人都有更亲近的感觉。此外，我们喜欢同样身份的伙伴，如果我们都是有两个孩子的宝妈，

仿佛我们就有了很多共鸣。当然，如果天秤座遇到另一个天秤座，也恨不得拥抱一下。

④ **我很有意思**。每个人都喜欢奇特、有趣的人物，比如一个由化学工程师转型的芭蕾舞演员，旅行过四大洲 56 个国家的婚纱设计师，你都会觉得非常的有意思。我想你会愿意和这样的伙伴多认识一下。

但可能是我作为老师，在课程中的自我介绍模板显得有点酷炫，不少学员在写自我介绍时都会产生自我怀疑，认为自己不厉害，因而感到不知所措。那么，没有好背景和好标签怎么办？这就是我想和大家说的，你厉害不厉害不重要，别人看的只是你能够给他带去什么价值跟成就。所以，大家一定要问自己可以给他人带来多少价值以及可以成就多少人。

比如，虽然你不是名校毕业，但你已经服务了 1000 多家企业，这就是你的厉害之处。所以，我们要致力于去做的事情是让别人真的因为你受益，利他是我们普通人去长期获得自我认同的最简单的方法。

这里有一个辩证的问题。

看起来厉害究竟有没有用？有用。你的敲门砖会更响和更有用。比如，我是清华毕业生对于我找第一份工作最有用，但我能找到第二份工作不是因为我毕业于清华，而是我在第一家公司的表现，此时背景和学历已经不重要了，真正重要的是当下你可以为企业创造多少价值。

那怎么让自己在自我介绍的时候看起来厉害点？自我介绍要适度提炼和包装，是让敲门砖更有力一些，但不是真正的价值。客户会因为好的学历看到你，因你真正的价值选择你，所以自我介绍需要适度包装。

所以，厉害只是敲门砖，价值才是永恒的命题。作为一个职场人，永恒的命题是你为企业创造了多少价值，企业就会相应地给你多少钱；为客户做了许多事情，客户才会选择你。自我认同感和信心在这个过程中也就产生了。

（3）我们都是普通人，我们都可以这样慢慢变厉害

关于普通人的成长路径的有效思考。

《优秀到不能被忽略》中提到，不论什么事情，你做到不可替代，就拥有了职场资本，拥有了职场资本才可能换取更多的资源，形成自己真正的"护城河"。

做销售，一种是只为了赚钱，另一种是为了锻炼终身的职场能力，比如知道自己想创业，明白销售是自己重要的人生能力，就不会在意一朝一夕的挫折，一两个单子的得失。

如果我的第一份职业积累了足够的职场能力，做到了头部，那么第二份职业就是依靠好成绩和好口碑得来的。我选择离开第一份职业是因为没有太多可成长的地方了，在销售渠道上主要锻炼会销和面销。我选择第二份职业的时候的要求是：第一，方向要对，得是新时代方向；第二，我要做泛行业的2B业务，不想只锻炼细分行业的销售能力；第三，锻炼更多销售逻辑和方法，第二份职业主要训练电销和网销。

选择成长路径的标准：我能不能继续更好也让我的"护城河"、阅历经历、能力都能得到更强的锻炼。我自己的逻辑就是让销售经历和能力更强。

所以，总结一下：

第一，人的成长路径大都是把手头的一件事情、一类专业做到极为出色，获得筹码和资本以便换得更多的资源。

回到为什么我不建议大家一辈子做销售。销售虽然是必经的，但最重要的是把这套底层能力内化到自己身上。比如我做知识博主要突破的是自己获取流量的能力、被关注的能力、做内容的能力。如果我有产品、有内容，有获取流量的能力、服务的能力、管理的能力，就等于我可以做公司的负责人，创业稳妥，不会在任何一件事情上跌大跟头。因为我都经历过，体会过，按照自己的心意去做，所以我认为自己的终身职业就是一个影响者——博主。所以我想以此告诉大家如何去思考，做一件事情就要做透、做好，扎下去，不要能力配不上野心。

第二，圈子的力量很重要。同频的人和同一个认知水平的人更容易走到一块。比如我身边靠自己买房的"90后"的特质：

① 勤奋、投入，悟性高、对客户很好，很擅长做管理，能组织人把事情做好。

② 做个人很擅长的事情。

③ 对自己永远有更高的标准，持续给自己提出更高的要求。

第三，同样是知识付费，为什么有的学员能用5倍、10倍、20倍、30倍的回报率把这个课程的投资赚回来？

厉害的人是什么样子？人和人拉开差距是依靠一个又一个小小的动作，首先，选择空杯和相信（空杯心态），越学越质疑，学不进去也学不好；其次，学得很快用得很快，本质就是这些人的时间和精力管理能力，知道什么时候入局，什么时候用上；最后，怎么想怎么做。

这些人真的落地，真的知行合一。任何职业，底层的能力都是人生的能力，做事情是否怀有敬畏之心、是否高标准要求自己，是否行动得较快，这才是把人和人拉开差距的关键。

从我朋友和这些优秀学员的故事可以看出，知识付费本身没有问题，可能是你学习方法和落地有问题。如果你只是担心自己在落地时会做不好，更不去提升自己学习和内化的能力，断掉自己成长的路，才是更加可怕的，会被甩得越来越远。

第四，前几天我去见一个编辑，他说有一些人更擅长做选择题，有一些人更擅长做问答题。大家更加擅长做什么题？问答题就是给你什么招你接什么招；选择题是自己去拒绝和主动选择一条路。

《优秀到不能被忽略》这本书里面阐述大部分人其实都是擅长做问答题，就是等着接招，那在接招的过程中如何让自己变得更厉害？关键是能不能在每一次接招的过程中去历练自己，让自己不断地变得更有底气，有职场的选择。认识自己很重要，没有什么绝对好的和坏的。

第五，你能影响多少人、成就多少人，你就会有多大价值和多少财富。

我很感动于一本书上的一句话："要想增加收入，就要考虑被你感动的人、信任你的人，以及和你分享喜悦的人，我们要不懈努力壮大这个群体，这是我一直以来的生意之道。"你能影响多少人，成就多少人，你就会有多大价值和成就。

第六，保持敬畏。有敬畏之心，就会一直用最高的标准要求自己。比如我觉得每个学员交给我的钱都是大家辛辛苦苦赚的，在我这一定是要有收获的。我对大家的信任是有敬畏的。

第七，《反脆弱》书中说，如何对抗不确定性？其实保持确定会让我们有安全感，但确定性永远在自己手里，不在别人手上，不在这个时代，也不属于这个行业和公司。

大家为了自己的确定性，不要去喊苦，也不要轻易气馁，不要容易被打击，要想清楚自己要什么，确定性是你自己的。

所以大家记得，现在的你厉害与否不是最重要的，当你能成就更多人的时候，你自然就变得厉害了。

最后，销售要能俯下身去，切忌清高。

这个点主要是提醒有名校、名企背景的人，他们往往会不自觉地清高。我曾经见过一个原来背景很强的跨部门负责人。他让我别催共同跟进的客户，说不能主动问客户进度，我问为何呢？他说怕没有面子，更不想让别人觉得自己急。结果他的业绩一塌糊涂。

销售的责任是让客户今天能付钱，要创造让客户今天付钱的场景。否则本身就有需求的产品，放个自动售货机就行了。另外，不能清高是因为服务者就是服务者，要做的事、要吃的苦就必须自己承担，要敢跟进，太注重面子是很难拿到成果的。

# 要有长远目标，它会辅佐你当下的选择

在我第一份工作离职后的空当期间，我和试图给我介绍工作的猎头姐姐见了两次，第一次她的结论是我确实很适合创业公司，第二次她感谢我推荐了一个她特别满意的干将给她。请我吃饭的时候，她聊起自己的婚姻模式，姐夫是国企的员工，喜欢养花养草，照顾家庭和做饭，她自己则是非常明显的热爱事业的女性，所以大部分重心都放在工作上。面对和姐夫在职业问题上的共鸣不多，以及姐夫喜欢打卡式、跑景点的旅游方法和她喜欢慢悠悠、随心一些的度假安排的冲突，她没有丝毫抱怨或觉得不满意，反而非常有预见性且理解，我对她的这种自洽从心底里感到羡慕和认可。这才是我认可的清醒。

清醒不是什么都想要，而是知道什么可以放弃，什么不可以。清醒是建立了自己的选择体系，并且能在这个逻辑中自我满足，不被外界影响的自洽。

进入法学院，并不是我的选择。

我成长于一个经商家族，除了少数亲戚在欧洲、澳洲和日本经商或是务工，整个家族都是在各大行业从事商贸活动，做生意、做老板是福建人因为乡土原因落在骨子里的惯性。我从小就成绩优异，这让父母感到惊讶，因为我的父母从来不管我的学习，我小升初是年级第三，中考成绩是全校第一，还是全市语文状元，高考成绩说不上很耀眼但是也不算太差。那时我最向往的大学是复旦大学，对专业一无所知。经商的家庭，难得有会读书的，他们往往认为家里有个当官的才是真荣光，高考报志愿我妈非常希望我选择国防生，因为在她心里，走上仕途就是一片坦途，对女孩子而言也更轻松。

好不容易快去大城市看世界的我，看着可能被拘束的生活和未来没有任何趣味的发展路线，长大以来唯一一次把自己关在房间里，用哭泣作为反抗。最后是大哥这个军师来做协调，他说，咱们走中间路线，学法学。然后当时顺着所有政法的学校填了一遍：中国政法大学、华东政法大学、中南财经政法大学、西南政法大学。然后我幸运地踩着线上了中国政法大学，被调剂到了社会学院，学了后来我很喜欢的学科——社会学。

中国政法大学，南方的孩子叫"中政"，到了北方发现大家都叫"法大"。法大本科的学生在昌平校区学习，那里位于北京的西北角的郊区，我到目前都觉得那是特别适合学习的地方，物质条件不算很丰富，但是学校后面麦当劳胡同一条街和附近三两个商贸城也够填满大学的课余生活了。在法大，最强势的学科肯定还是法学，有四大看着名字不一样的法学院，其实都是学法学，我们这些非法学的学生都有一种必须修个第二学位的执念或者说惯性。

第二学位的学生并没有丝毫的轻松，上一样的课，考一样的试。大二开始，我们这些双学位学生的生活就是上两倍的课，考两倍的试。记得大二下学期，要考最难的社会统计学等课程，还有三四门法学考试，连轴考了一周，复习真的来不及了，我整整熬了一夜，没吃早饭就去考试了，考完最后一门回到宿舍，看到镜子里自己的腰，我都惊呼，这是我这辈子最细的腰了吧。那天中午吃的炒饼，我真觉得那是我大学时代最香的一顿饭。嗯，那时候的我就有股拼劲儿。

后来我以社会学专业第一的成绩获得了推免生的机会，即推荐免试生，俗称保送。可以选择的北京各大高校中，法学热门的自然是法大、中国人民大学、北京大学和清华大学。我对母校的最大的失望就是研究生院连个像样的操场都没有，对于喜欢运动的我而言是一个缺憾。我通过了本校推免考试，但还是把精力着重放在清华和北京大学的推免生考试中，我记得是有半天的英语面试和3场考试。

清华大学、北京大学也是要抢人的。比如我们的推免日程，两个学校恰恰就有大部分的日程是重合的，除了正好两个学校排位一前一后的这种幸运之人，可以通过完美的时间错位来实现两个学校的应试。其他的学生都要被迫选择其中一个，破釜沉舟地去准备面试笔试。

那时候的我也纠结，毕竟法学院还是北京大学的资历深。我在学校图书馆打电话给我的军师，就是我亲大哥，他说："你这次的问题已经超越了我的指导边界了，在我和大家看来，清华大学、北京大学都是顶尖学府了，都很好。你自己选吧。"

我选择了清华。这绝对是小众选择，因为有法学梦的人，北京大学一定是最佳选择。

选择清华有两个非常朴素的原因。第一，我从小就在文科上表现出很大的优势，我身上一定是有很浓的文科生思维和特质的，但是这也是一种思维上的偏科，我要去清华这样理工特质更浓的学校做中和训练。第二，清华在推免过程中，不论是流程还是教务老师的做事风格，都更加干练和简洁，要的资料十分清晰，沟通也明显更高效。我喜欢并且认可这种风格。这背后的逻辑，和我后来选择工作的逻辑一样，选择的不是大牌，而是一个自己认可且能更好修炼自己的"道场"。

在清华开始创业，是我没有想过的尝试。

清华第一年，法硕的学生是在清华的深圳研究生院读的。这一年，我过得十足的"世外桃源"。因为大学城地理位置有点偏远，我居然一年时间没有剪过头发，也没有做过指甲。这一年的时间我几乎只做三件事，读书、跳舞和运动。跳舞是因为当时接起了百废待兴的艺术团的舞团，这是我的志趣使然，我在法大创立了绿光啦啦队。到了研究生，一年的时间把舞团也张罗起来，那一年我们编排了 10 多个大型演出节目，涉及了各种舞种，获得了特别纯粹的快乐。运动主要是在帆船协会拿了帆船的一些证书，深圳有几个不错的海湾，是很好的训练基地，另一个就是加入了马拉松协会，经常每天早上 10 公里训练，当时的马拉松协会会长推荐我去申请和君商学院，我就利用课余时间申请了。

第一年的暑假搬回北京后，我开始了校内学习、校外参与和君商学院学习的日子。我们这个班级比较特别，是首次创立的文体产业班。班主任也是王明夫院长亲自请来的重磅的嘉宾，有华熙集团的赵燕董事长、女子马拉松冠军孙英杰老师，还有邓亚萍老师。班上同学都是和文化、体育行业有紧密关系的同学，不少是专业运动员或者文化传媒的从业者，我也是在大家的帮助下，和几位同学一起创立了 FitShirley，我定义她为女性健康生活方式品牌，主打运动内衣。

那是我第一次理解带着使命感做一些事情的价值。我发现太多人把运动当作工具。什么意思呢？免疫力不好，生病了，开始运动；胖了，开始运动，如果效果不明显，干脆节食，并没有真正把运动当作一种习惯和生活方式。所以，我是从每一次分享、每一篇文章里去传播将运动作为生活方式的理念，也影响到了很多人。

那是我的创业初尝试，因为有我大四保研后，边在奥美实习边用周末时间做代购积累的销售实战经验，所以首次发行产品就卖得不错。但是创业的苦，也是尝到了的，那时候没有什么资源，订货量不大，跑到广州、深圳的代工厂经常被拒绝。得了病毒感冒，高烧 40 度还要继续做直播分享、见投资人、做清华 X-lab 孵化器的面试，几百斤的货品自己扛回宿舍累得汗如雨下。当然，还有非常多的快乐，比如和伙伴去影棚拍摄，抱着的瑜伽球在五道口大街上被吹得我们跑都追不上，还有得到各种好评和高黏度客户的心满意足。

那时候其实我就小赚了一笔，但是我做了一个重要决策，停掉创业，去跟厉害的人工作学习。这样决策是因为我感受到这次创业，我的资源积淀远远不够，更关键的是那时的我能感受到自己的稚嫩、不成熟，只有一腔热血，没有创业的基础能力：不会管理，商业化有点天赋，但产品资源不好。此外，我也很害怕耽误合伙人们的未来，他们那时也面临着重要的职场选择。

我在清华停止创业后，就报名参加了一个国际志愿者活动，去了巴厘岛做英语支教，度过了一个非常美妙的暑假。2016 年秋天，我回到正常的研究生三年级的轨道上来。同学们都开始投身各大校招的会场，每天都在忙着投简历做文件，非常明确不走仕途的我，重点找企业类的工作。

有一次我去××大集团面试，在面试期间，人力资源总监的助理中途进来七八次传递信息，导致我的面试体验非常不好，我给了面试官一点体验的提醒，得到的反馈也很让人失望，这就是我等了一个月的面试机会。

有一天，我在朋友圈突然看到好友分享了一篇招聘文章《年薪25万招聘未来合伙人》。里面宣传视频的主角还是清华法学院的师弟，讲的是为法律人带去真正落地的实务能力的使命，我大概是被25万或者是视频的内容影响了，就马上回宿舍花了一个多小时改了简历，并写了一封自荐信给HR。这封自荐信很多人想看，我在这里分享给大家。现在回头看，这绝对是一次很成功的自我销售了。

## iCourt与我

初识iCourt是因为朋友圈里有胡清平前辈，从某个角度说我从他的朋友圈慢慢见证了iCourt的成长。到达终点的路有曲有折，但是最后都会到达目的地，要追求法治社会，要让法律发挥应有的作用，iCourt创造了自己的道路。作为创业者，iCourt承载我们改变中国法律人与法律界混乱秩序现状的希望。从理论教育直接跨入法律实务，巨大的转型是大多数法律人所不能良好过渡的，iCourt做的最核心的事就是服务法律从业者。律师本质上来说是专业技术与商人的结合，专业技术是基础，商人的经营管理能力是核心，否则专业技术无从发挥，有技术还要考虑如何高效发挥，iCourt围绕着律师与其他法律人的职业能力展开了多元的业务打造，借助的是互联网技术，运用的是知识的分享理论，因此i所代表的互联网，court所代表的法院，组合成了通过技术打造的为法律人服务的iCourt，让诉讼可视化！用大数据说话！

律师已有很多，iCourt做的事却更有意义，服务律师对于憧憬做律师的人来说或许会是一个更棒、更酷的选择。它也是我的第一选择。

大学四年、研究生三年，我的生活一直围绕着法律，但是性格与爱好又让我尝试各种与法律并不直接相关的事，仿佛我就是为 iCourt 而培养的自己，那个"自我驱动，绝顶聪明，极度自信"的自己。

从社会化的角度分析一下自己，生于长于商业气息极为浓厚的福建福州福清这个"三福"之地，即使父母对我从无商业上的训练，耳濡目染下我已有了不错的市场敏锐度，我总能在日常生活中观察出一些商业机会。2008 年至今，中国的体育行业不断萌芽发展，2010 年保送清华后，我便开始做自己的副业——女性健身装备店，到 2015 年下半年开始注册公司和商标，成立团队做女性健身生活主义品牌 FitShirley，做一个创始人的劳心费脑、激情澎湃、每天在希望与压力中度过的日子我亲身经历过，我太明白一个创业者的情怀、付出与感受，更明白创业对一个人的要求绝对是他的综合素质，因为任何时候你都可能是一个岗位的后备军，当然你永远要冲在前头。但也更让我明白了，方向对了你跑起来是多么的有趣，即使气喘吁吁，但真是太带劲了。

从小到大我都是一个能够将学习与生活中其他各项事务兼顾得很好的人，一直贴着学霸标签，做过班长、团支书，一直到大三做团总支书记，社团生活也游刃有余，大二的时候破格被院领导任命为副书记（按传统一直都是大三才能做书记、副书记，大二做到部长层，大一做部员）。此外，在大学，我看到一个大学校园居然没有啦啦队，于是我创立了中国政法大学校啦啦队——绿光。大学期间还是北京福清市同学会的会长，法大福州老乡会女会长。作为社会学院的学生，自然少不了参与省级或国家级的课题，而我也常是负责人。如何保证良好的身体状态与精力？我热爱运动，本科拿过女子全能第一，多项田径项目第一。运动让我们可持续发展！I love it！

每个人身上都有好习惯，我喜欢提前安排与规划，使得再繁忙的生活也尽量井然有序；我喜欢做事有头有尾，只要我接手的事，必须想着如何做到超出期待，而不仅仅是完成；我喜欢坚持去做一件事，相信时间的力量与积累的能量；我喜欢敢想敢做，没有啦啦队我就去建设，想要感染更多女性关注运动时的胸部健康与科学运动，我就建立 FitShirley；社会学出身的我喜欢用数据说话，喜欢大数据，喜欢科技，相信知识的力量；创业也让我更明白理想主义得有，但还要着眼于事实；我喜欢从大局去看问题，通常从负责人的角度去分析一场活动、一次公关。我了解自己，不甘于只做一个只吃专业饭的人。人生不设限，要用努力与灵活的思维去突破。有能力，有野心，能学习，这就是我。

简历上只是一部分的我，如果您有兴趣想更了解我，期待能与您见面聊聊。

雪梨卷

这次我为什么选择 iCourt？其实我们都在为自己的偏好买单。这次选择我居然又是因为这个公司有我渴望的品质。我发出简历，不到一个小时，就有人加我的微信，而且这个人居然是公司的 CEO，也是本书序 1 的作者罗莱娜女士。她通过我的电话找到我的微信，并且马上发出邀约，让我去面试。我只好推掉中午的老乡会聚餐，把感觉比较职业的衣服穿在身上，坐上地铁，走了北京的斜对角线的路程，耗时 1.5 小时。接下来我经历了 HR 面试、CEO 面试、合伙人 A 边吃饭边"闻味道"[1]。做了盖洛普优势的职业测评后，听了

---

[1] "闻味道"指的是面试者感受应聘者气质风格是否和企业一致。

一场 CEO 给工程师的内训。然后未来带我的合伙人诺诺特地从活动现场赶回来，和我聊了快两个小时。我是带着录用信回学校的，这样的效率真的是太让我喜欢了。

当然，让我快速做决定加入的核心原因，就是这家公司的朝气和力量感。我感觉这里有好多厉害的人啊，而且他们还那么努力，我想和这群人一起工作。我被面试和参观过程中的种种细节所打动，我看到活动现场的布置，真的都很用心。

我凭借着直觉和偏好就决定来实习了，之后马上就进入了超级高强度的工作和出差中，我的舍友一度担心我是不是进了什么传销组织。

到现在，我选择做一个知识博主。我为什么会这样选择？经历了几次创业，我对自己有了更深刻的认识，知道自己的优势，也知道自己的短板。我极擅长落地执行，也很能拿结果，喜欢做务实落地的事情，不属于商业革新、痴迷技术或者有远大宏图的商业天才。所以，我想做小而美的事情。

小而美的事情要很垂直，要很能解决一个明确的痛点。我看到的痛点是销售这个职业缺乏体系化的个人培养，我的成长主要通过自我教育，自我教育需要整合各类资源，我要成为资源方之一，让那些内心不认可销售的人，真正看到销售应该是什么样的。让野蛮生长、痛苦无助的人能因为拥有一套体系可以自我把脉、自我解决基础问题。这件事情我觉得太有价值了，职业的信心和底气对我们的人生太重要了，后来我帮助很多人拥有了做销售的底气和信心。

我的这次选择，在外人看来很神奇。我破圈了，从法律和科技行业出来，成了帮助 100 多个行业销售和销售管理者的 influencer（博主），而且大概成了国内唯一一个法学院毕业转型讲销售实战的人。

其实我做的是很满足、很有价值感且开心和自在的。而且，这次新的选择，让我看到了我的人生使命：影响他人更有方法地热爱生命和职业。我在确定要做这件事情的时候，就立下了 5 年之约，要专注坚定地把更体系的方法带给更多迷茫和想要自我教育提升的伙伴。5 年在快速变化的时代，就是一种长期主义的象征。

希望能启发你的每一步选择。遵循长期主义去规划你的人生吧。

# 后　记

写一本书在我心目中是很神圣的事情，特别是一本会影响到很多人对销售的理解的书，所以我迟迟鼓不起勇气，这一点都不像我的前老板说的"你是我见过能最快接受挑战的人"，她还说过我是个"极度理性，又极度感性，却不矛盾的人"。

大家可能想不到，我是在泪水中开始提笔写书的，是泪水给了我启笔的冲动。正式启笔前我在收拾房间，我把今年收到的各种亲笔信和卡片装进了我的"宝箱"，类似老奶奶离世的时候儿孙们会看到奶奶存放回味一辈子的一些珍贵物件的小箱子。我从来北京上大学那年就开始收集所有亲笔信件放进这个宝箱，见字如面，字里有温情，刚看了这 12 年来师弟师妹、同学朋友、老师前辈、恋人、客户、旅友写给我的文字，不禁泪目，他们大都写的是我曾给予他们的力量、温暖和方法，这些文字触动了我，让我知道我书里的文字哪怕能多帮助一个读者，都是特别有价值的事情。抓紧开干吧！哭着开始写书的第一篇，这可能就是我"极度感性"的一面吧，和我职场上的雷厉风行、飒爽清醒的样子大相径庭。

我很清楚自己想写什么给读者，在动笔之前，我的期盼是这是一本你在没有力量的时候会去翻看的纸质书，希望你们见字如见到积极的卷卷给你的隔空拥抱。而且这本书很实用，会让你产生新的认知，它将会是一本让你第一时间想写下亲笔字送给你关心的那个人的书。

我很清楚我为什么而出发。我是个极其幸运的人，在年轻的时候就知道自己要什么、爱什么，并靠自己能做到。在 25 岁的时候，我的职场伯乐莱娜姐带我出差上海，她分享了一句话："人生为一件大事而来。"那时候我清华硕士未毕业，不知属于我的大事为何。但是 30 岁的我，最近一段的人生旅程是做了半年的知识博主，我觉得我找到了我的人生使命：影响他人更有方法地热爱生命和工作。

在提笔之前，我在各种工作事务中都是积极行动地制订策略、写文章、拍视频、做课程，用各种体裁表达和传播一些方法和思想，但是书和新媒体上的文章、视频、课程相比，是要更经久不衰和耐人寻味的。

所以，写这本书很慎重，比我做任何事情都要慎重得多。我常和我的粉丝们说，如果你要面试成为一家公司的销售，本质上你是选择了做这家公司和产品的经纪人，那我需要替我的书找到最适合的经纪人——编辑，所以我费心寻觅最合适的他／她，在几十个联系过我的出版机构和编辑中，选择宏姐做这本书的经纪人是最好的开始。我期待的经纪人应当是懂书、懂我、懂读者的。我是在看完她寄给我的书《一本书的诞生》之后做出决定的。我被她书里那句"书是一切好东西最终的表现"深深打动，多么纯粹又充满敬畏的感觉。我最喜欢的四个字是"信者得爱"，我相信愿意相信、会相信、有信念的人会得到很多爱，她的书让我看到她对做书的信念，很打动人，原因可能和我会打动一些人是一样的。

除了慎重，我还有更多犹豫和恐惧，我也曾担心我只是个没有建功伟业的普通人，也怕读者会对一些对普通人来说十分关键的观点审美疲劳，比如我最强调的知行合一，这个词太多人说了。虽然我在做新媒体主编的时候，常鼓励我的作者说，观点都是类似的，是你的故事让它与众不同。可当我打算放弃写纯干货的销售方法，要从销售方法迁移聚焦在职场和人生的一些思考方法的时候，我也犯怵了，这时候，编辑就特别重要，宏姐跟我说了一段话，告诉我不用担心和人生类书会有观点重复，我也特别想分享给大家。这段话极度符合我的认知："人生最简单的道理是看透、敢选、去做。这是最大而化之正确的废话，如何把这些扩充并实现，哪怕归宗都是在这里，还是有不同的理论、不断往新瓶里装旧酒，新瓶本身就是一种吸引，进而使人愿意喝本质都一样的酒。"

有粉丝问我，你第一次出书，为什么不把被市场验证是受欢迎的且帮助了那么多人的《顶尖销售的18大基本功》写成书？我说，因为更多时候，我们缺的是出发的力量，人只有想要出发以后，才会去找方法。好方法，只能被渴望的人遇到，我希望这本书，可以在你低沉、迷茫、闲散的时候，给你方法，更给你能量，充满力量和目标的人，会相遇的。

我写的这本书，关于销售的"主见"，其实也是看透、敢选、去做。不过有我一个普通又独特的"90后"姑娘最热乎的生命体验，还有我用心给你梳理的可以用起来，还能给你生活和生命力量的落地方法。愿，普通的我，能够像一束从树间穿过的阳光，温暖和照亮远方那个你。

我是谁？我是一个大家眼中的"别人家的孩子"，从小名列前茅的"好学生"，在中国政法大学读了4年双学位，之后被保送了清华，读了3年研究生的法科生，但是我现在是一名销售教练。

销售的书籍那么多，而我为什么要写一本这样主题的书？

因为销售被太多人误解，销售的门槛很低，但是天花板很高。销售也不应该是按照大家看到的那样做的，销售可以很高级。何谓高级？光口头上说高级没有用，还要有落地的方法才行，这正是这本书想要带给你的。

很多人做不好销售是因为他从心底不理解、不认可更不接纳销售。为什么会不认可？因为他还没发现销售原来应该且可以做得这么高级！

销售的高级就是专业、利他和长期主义的；专业是把做销售做到专业，对行业专业，在产品和服务上也是专业的；利他是真正从客户的利益和需求出发，做出行动；长期主义是把自己当作一家公司一样去经营、去做事，有目标感但是不功利。

本书第一章至第六章的所有内容都是为了向大家阐释何为销售的"专业"，

第七章阐述超期待体验利他落地的一大方法，第八章把我经历的长期主义分享给你们。

如果你和我一样，在你的现在或者此前的认知世界里，你绝对不会主动去选择做一个销售，对销售有着深深的误解，认为销售是比较低级的，或者认为销售虽然门槛低，但是真的很难做好，没有什么真正可复制的方法论可言。甚至你觉得销售就是一种天赋，没有办法像财务、医学、法律那样通过训练成为自己的专业。我想我可以通过我亲身经历的故事、落地实操的方法，让大家看到，做好销售要践行"先人后事"的原则，销售可以很高级，这样销售很高级。

感谢我的客户们，有很多友好的客户，甚至和我成为终身挚友的客户，是你们让我感受到了做销售的美好，感受到了成就他人的快乐。我也感谢那些反复"刁难"我的客户，是你们磨砺了我。感谢我的"师父们"，他们包括客户、我的职场前辈、我所学过的课程的老师、我看过的书的作者，是你们让我如此热爱销售，并想将好的理念和方法传播给更多人。

销售是我们人生的基本功，销售可以很高级。

最后，感谢为本书写推荐序的俞头，他是启发我体系化思考销售和管理的恩师；感谢我的职场伯乐莱娜姐，被她信任是我最初的力量；感谢麦三石前辈，他包容豁达，给年轻女性销售教练诚挚的建议和支持。还有一个我最想感谢的姑娘，她叫诺诺，是我开始做销售时的师父。最后，感谢我的团队成员田田和开开，你们的陪伴与支持对我很重要。

我还稚嫩，路也很长，希望陪伴你，也谢谢你的陪伴。

**图书在版编目(CIP)数据**

这样销售很高级 / 雪梨卷著. — 北京：中国法制
出版社, 2022.9 （2022.11 重印）

ISBN 978-7-5216-2847-0

Ⅰ.①这… Ⅱ.①雪… Ⅲ.①销售学 Ⅳ.
①F713.3

中国版本图书馆CIP数据核字（2022）第160099号

策划编辑：赵宏

责任编辑：王悦（wangyuefzs@163.com）　　　　　　　　　　　封面设计：汪要军

---

**这样销售很高级**

ZHEYANG XIAOSHOU HEN GAOJI

著者 / 雪梨卷

经销 / 新华书店

印刷 / 三河市紫恒印装有限公司

开本 / 710毫米×1000毫米　16开　　　　　　　　　　印张 / 16　字数 / 219千

版次 / 2022年9月第1版　　　　　　　　　　　　　　2022年11月第4次印刷

---

中国法制出版社出版

书号ISBN 978-7-5216-2847-0　　　　　　　　　　　　　　　定价：59.80元

北京市西城区西便门西里甲16号西便门办公区

邮政编码：100053　　　　　　　　　　　　　　　　　　传真：010-63141600

**网址：http://www.zgfzs.com**　　　　　　　　　　　　**编辑部电话：010-63141831**

**市场营销部电话：010-63141612**　　　　　　　　　　　**印务部电话：010-63141606**

（如有印装质量问题，请与本社印务部联系。）